마르크스의 마지막 여행

마르크스의
마지막 여행

한스 위르겐 크뤼스만스키 지음 | 김신비 옮김

말글빛냄

들어가는 말

마르크스를 연구하는 사람과 그의 전기를 쓰는 작가의 대부분은 그가 세상을 떠나기 전에 보낸 마지막 몇 개월이 그의 업적을 이해하는데 별로 도움이 되지 않을 것이라고 생각한다. 그러나 그에게 낯선 곳에서의 경험은 본능적으로도, 또한 이념적으로도 너무나 새로운 것들이었다. 따라서 그 경험들은 더더욱 잘 정리되어야 한다.

그는 식민지 정치를 실제로 경험해 보았으며 외모도 바꿨다. 실제로 모든 것을 바꾸고 싶어 했는지도 모른다. 그는 몬테카를로에서 부르주아의 상징인 카지노에 빠지기도 했으며, '남아있는 시간이 얼마나 되는가?'에 대한 질문을 자신에게 던지고 우유 섞인 브랜디를 마시면서 삼류 소설을 줄기차게 읽었다.

처음이자 마지막으로 유럽을 떠나 낯선 곳을 찾아 나선 마르크스는 죽음을 앞둔 한 인간으로서의 익숙하지 않은 결별도 준비해야 했다.

원래 이 책은 영화 시나리오를 위해 아이디어를 모으면서부터 시작되었다. 나중에 내용을 추가하기도 했지만 몇몇 아주 작은 부분을 제외하면 이 책의 내용은 역사적 사실을 기반으로 한다. 그중 베라 슈티르너Vera Stirner와 히스톨라븀(HISTOLABIUM, 비밀스러운 쪽지를 모아둔 것)만 완벽하게 허구다. 하지만 어쩌면 바로 이것 때문에 가장 진실에 가까운 내용일 수도 있겠다.

> — 2014년 4월, 함부르크와 뮌스터에서
> 한스 위르겐 크뤼스만스키

1882년 4월 28일, 알제, 카스바
(Kasbah, 알제리의 수도 알제의 원주민 거주 지구).

오래돼 보이는 한 가게 출입문에 'E. 뒤테르트르 이발
소'라고 적힌 간판이 걸려있다. 이 가게 안쪽에 연결된
방이 하나 있고 전등 불빛이 그 방을 비추고 있다. 이곳
입구 위에는 'E. 뒤테르트르 사진관' 간판이 걸려있다. 칼
마르크스는 어두운 커튼 앞에 앉아 막 사진을 찍으려던
참이었다. 사진기사는 스튜디오 카메라 뒤에 늘어져 있
는 검정 천 아래에 있다.

"기사님, 최대한 자연스럽게 찍어주세요. 상반신 사진

과 얼굴 사진도 찍어주고요. 제가 익살스런 표정을 잘 짓거든요!"

"자, 움직이지 말고 가만히 계세요! 사진 몇 장이나 필요하세요?"

기사가 초점유리에 모습을 나타내며 고개를 들고 마르크스의 마지막 사진을 찍는다.

"10장이요. 제가 딸 셋에 친구가 좀 있거든요."

마르크스는 갑자기 자리에서 일어나 가게 앞쪽으로 가더니 이발관 의자에 앉는다. 그 날 저녁 마르크스는 엥겔스에게 편지를 쓴다.

'그건 그렇고, 난 오늘 햇살 아래에서 덥수룩한 수염과 페리위그(periwig, 머리형으로 된 가발)를 정리했다네. 하지만 딸들이 이전 모습을 더 좋아하니 수염과 페리위그가 이발사의 손에 희생되기 전에 사진을 찍어 두었다네.'[01]

1882년 4월 28일, 이발소에서 나온 마르크스는 완전히 다른 모습을 하고 있었다.

차 례

제1장

런던에서 지중해로

1882년 1월 19일, 런던, 마이트랜드 파크 로드Maitland Park Road에 있는 마르크스의 서재. 환한 방 안 양쪽에는 책장이 있고 책장에는 책들이 가득하며, 신문 꾸러미와 원고가 천장까지 가득하게 쌓여있다. 벽난로를 마주보고 있는 한쪽 창가에 테이블 두 개가 놓여있고, 그 위에도 종이와 책, 신문이 가득하다. 방 한 가운데 전등 바로 아래 조그마한 책상과 안락의자 하나가 놓여있다. 다른 벽 앞에는 가죽 소파가 있고, 벽난로 위 선반에도 책들이 놓여 있다. 그 사이에 담배, 성냥, 담뱃갑, 서진(책장이나 종이쪽지가 바람에 날리지 아니하도록 눌

러두는 물건), 여러 장의 사진도 있다.[01] 프리드리히 엥겔스 Friedrich Engels와 하녀 렌헨 데무트Lenchen Demuth가 들어온다.

"모어, 이제 가세."

"아, 〈그로서(The Grocer, 영국의 유통 전문 잡지)〉 챙기는 거 잊지 마시고요." 렌헨이 다그친다.

마르크스와 엥겔스가 집을 떠나려고 한다. 비가 내린다. 춥고 스산하다.

렌헨이 문 앞에서 마르크스와 엥겔스에게 무언가를 말하고 있다. 근처에 있는 엥겔스 집에 손님들이 기다리고 있다. 두 사람은 서둘러야 했다. 마르크스는 그 어느 때보다 화가 나 보인다. 조금 전 발행된 독일 보수층 신문에 '마르크스가 그토록 사랑했던 부인 예니가 세상을 떠난 후 지금 그도 거의 죽어가고 있다'라고 기사가 났기 때문이다.

마르크스는 부인을 잃은 상실감 때문에 매우 슬퍼하고

있고 건강이 나빠진 것도 사실이었다.

"정말로 기쁘다네! 혼란스러운 세상 속에 같이 혼란에 빠진 한 남자로서 삼류 신문을 위해 아직은 내가 살아 있다는 것을 꼭 보여줘야 할 필요가 있겠어"[02]라고 소리치고 있었다.

평소 마르크스 가(家)에서 영어 발음 그대로 '제네럴 General'이라는 별명으로 불린 엥겔스는 폐병에 걸린 친구 마르크스에게 오래전부터 장기 요양을 권했다. 아일 오브 와이트(Isle of Wight, 영국 남단에 있는 섬)에서 보낸 시간이 너무 짧았다는 것이 그 이유였다.

두 사람은 철교를 건넌다. 엥겔스 코트 주머니에 신문 뭉치가 삐져나와 있다. 마르크스는 피고 있던 시가로 삐져나온 신문을 가리킨다.

"프레드, 제발 좀! 내 죽음에 대해 떠들고 있는 저 삼류 신문 좀 집어 치워줘."

그가 시가 한 모금을 크게 들이킨다.

"아, 내가 까먹고 말 안한 게 있어. 자네가 벤트너

(Ventnor, 아일 오브 와이트 섬 남부에 지어진 해변 리조트) 요양비로 준 40파운드를 다 써버렸어. 렌헨이 그러는데 생활비가 좀 더 있어야 한대."

마르크스는 기침을 한 번 하고 시가를 버린다.

엥겔스가 열린 코트를 여미면서 말한다.

"다음 주면 돈이 좀 들어올 거야."

신문 뭉치가 밖으로 나오려고 한다. 마르크스는 신문 뭉치를 잡아서 다 찢어버린 후 찢어진 신문조각을 다리 밑으로 뿌린다.

엥겔스는 여전히 차분하다.

"자네가 남쪽 여행은 할 수 있는 몸은 된다고 하니 기쁘네!"

"내가 죽기를 바라는 그 망할 프로이센 놈들을 위해서라도 오래 살아야겠어![03] 근데 왜 하필 알제야?"

마르크스가 정색을 하며 웅얼거린다.

"이탈리아는 안돼. 아마 체포될 거야. 그리고 자네는 여권도 없지 않나."

마르크스는 '이 저주받은 병이 내 머리만 공격하지 않는다면'[04]이라고 생각한다.

❧

부유한 엥겔스는 마르크스가 따뜻한 남쪽나라에서 요양할 수 있도록 돈을 마련했다. 당분간 마르크스는 알제에 머물며 병을 치료해야 한다. 엥겔스는 마르크스의 병이 〈자본론〉 집필을 방해한다고 생각했다. 프랑스 식민지인 알제리의 수도 알제는 영국 상류층에게 인기 있는 요양지다. 꽤 비싼 여행이 될 것이다. 하지만 마르크스와 엥겔스 두 사람에게 경제적 공생은 자명했고, 엥겔스는 마르크스에게 경제적 지원을 아끼지 않았다. 학문, 특히 미래학문에 돈을 투자하는 것보다 더 나은 일은 없다. 19세기는 무엇이든 집중 연구하는 풍조가 있었고, 두 사람은 여기에 많은 공헌을 했다. 두 사람으로 이루어진 싱크탱크는 40년 뒤 유일무이한 지식체로 성장한다.

마르크스는 병세가 악화되었을 때, "지금이 바로 글을 쓸 때인 것 같아"라고 엥겔스에게 말했다.

이제 마르크스가 생각하고 쓰는 모든 것은 두꺼운 노트 파일에 담아야 하므로 파일 크기가 여행 가방에 맞아야 한다. 사랑하는 사람들에게 보낼 편지 봉투도 필요하다. 런던에 머물렀다가 남쪽으로 떠나는 사람으로서 거대한 자본 분석과 고지식한 역사관을 지닌 마르크스와 엥겔스가 시야를 넓히고 새로운 관점을 받아들일 수 있을 것이다. 세기말 상황과 몇몇의 '새로운 사상가'들이 말하는 권력에 대한 의지는 이 두 계몽주의자들을 자극한다. 그리고 이들은 이미 오래전부터 더 이상 노동자계급만이 아니라 증권 거래 중심에 서 있는 신흥 부유층에 대해서도 생각해보고자 했다.

마르크스와 엥겔스가 부단히 모아 정리한 지식은 이제

더 이상 유럽이나 북미에서 발생하는 새로운 노동운동에 완벽한 해답을 주지 못한다. 특히 마르크스와 엥겔스는 성장하는 증권시장을 혁명의 아르키메데스 점으로 만들 수 있는지 알고 싶었다. 런던에 위치한 마르크스와 엥겔스의 집은 개인적인 연구기관이었고 정치적 망명가, 조언이 필요한 혁명가, 호기심 많은 지식인들의 지성이 교환되는 장소였다.

1882년 1월 19일, 그날도 엥겔스의 집에는 작센에서 온 노동조합 대표들과 러시아 혁명가 그룹이 마르크스와 엥겔스를 기다리고 있었다. 그 중에는 단호한 결의가 엿보이는 아름다운 여성인 베라 이바노브나 자술리치Wera Iwanowna Sassulitsch[05]도 있다. 나로드니키(Narodniki19세기 후반에 러시아의 청년 귀족과 급진적 지식인을 중심으로 일어난 농본주의적 사회주의. 또는 그런 사상을 가진 집단)들은 영어를 전혀 못했으나, 독일어는 유창하게 구사했고 '혁명의 상황'에 대한 질문을 던지고 답을 구하려 했다. 작센 대표단은 조용히 듣고 있다. 엥겔스의 아내인 리지가 차와 쿠키를 내온다.

　이미 이전에 마르크스와 베라가 주고받은 편지에서 알 수 있듯이, 베라 자술리치는 '역사가 항상 정해진 방향으로 나아가는지'에 대해 알고 싶어 했다.[06] 그 당시 러시아에는 공동재산을 운영하는 마을 공동체가 속속 자리 잡고 있었다. 하지만 마을 공동체가 세계적 사회주의가 만들어지기도 전에 자본주의에 의해 파괴된 것이 역사적으로 피할 수 없었던 숙명이었던 것일까?

　마르크스와 엥겔스가 1848년에 발표한 〈공산당 선언 Manifest der Kommunistischen Partei〉-베라 자술리치는 이 책을 러시아어로 완벽하게 번역했다-이나 훗날 저술한 〈자본론〉에서 세계 역사의 변하지 않는 과정에 대해 그렇게 묘사하지 않았던가? 하지만 그 모든 것이 서유럽에 국한되거나 북미에만 유효하지는 않았는가? 러시아 사회주의 제도의 마을 공동체가 내부적으로 겪었던 혼란스러운 과도기가 없을 수도 있지는 않았을까?

이제 베라는 마르크스에게 직접 묻는다.

봉건주의 사유재산이 자본주의 사유재산으로 변하고, 그다음에 사회주의 공동재산으로 변하는 과정이 농촌 기반의 공동재산이 사회주의 공동재산으로 변화하는 러시아의 방식과는 다른가? 사적 자본주의를 농촌 기반의 공동재산이 사회주의 공동재산으로 변화하는 과정 사이에 포함시킨다고 해도?

듣기만 해도 골치 아픈 질문들이다.

마르크스는 논쟁에는 잘 어울리기 않는 사람이다. 경청하고 있던 작센 대표단은 놀라 입을 다물지 못한다. 베라가 묻는다.

"혁명을 위해 다음 단계에 할 수 있는 일은 무엇인가요?"

마르크스는 수준 높은 이론으로 대답하려고 노력한다. 세계를 전체로 봐야한다. 세계 모형이 필요한데, 그 중심에 세계적인 주식 투자가 있을 것이다. 이 이론은 아직 널리 알려지지 않아 엥겔스가 계속해서 다양한 어휘로

추가 설명을 한다. 그리고 독일 사회노동당, 빌헬름 리프크네히트Wilhelm Liebknecht, 아우구스트 베벨August Bebel이 독일 의회 사건으로 투옥되고 추방된 일화를 덧붙인다. 엥겔스는 일화를 마무리 지으면서 자기 부인에게 차를 더 내오라고 말했다. 또 작센에서 온 젊은 대표단원과 같이 지하실에서 와인과 맥주도 가져오라고 덧붙인다.

※

1882년 2월 16일 파리 리옹 역, 오후 3시. 마르크스의 세 딸이 분주한 리옹역 광장에서 마르크스를 배웅하고 있다. 투씨라고 불렸던 마르크스의 막내딸 엘레아노르Eleanor는 햇살에 눈이 부신 와중에 흩날리는 검은 머리를 정리하느라 정신이 없다. 엘레아노르는 마르크스의 '무식하기 짝이 없는' 검은 외투를 자기 어깨에 걸친다. 30대 후반인 나머지 두 딸은 각자 자기 남편의 팔짱을 끼고 아버지의 걸음걸이에 보조를 맞추고 있다. 사위들은 누가 봐도 대도시 출신의 지성인처럼 보인다. 마르크스 일가의 대열이 네 살에서 여섯 살 사이로 보이는 어린아이들에 의해 흩어진다. 아이들의 엄마이자 마르크스의 장녀인 제니는 샤를르 롱게Charle Longuet와 결혼했다. 샤를르 롱게는 사회주의 정치가이자 저널리스트로 파리 코뮌(Paris Commune, 1871년 3월 18일부터 5월 28일까지 72일간 파리에서 민중과 노동자들에 의해 수립된 정권)의 핵심 운동가였다.

샤를르 롱게는 무거워 보이는 검은색 여행 가방을 들고 있다. 둘째 딸 라우라와 결혼한 폴 라파르그Paul Lafargue도 사회주의를 지향하는 작가였다. 폴 라파르그는 아직 완성되지 않은 〈게으름에 대한 칭찬Lob der Faulheit〉초안은 옆구리에 끼고 마름모 패턴의 무늬가 있는 마르크스의 두 번째 여행 가방을 들고 있다. 막내딸 엘레아노르는 마르크스의 반대에 부딪혀 연인이었던 저널리스트 리사가레이와 헤어졌다. 그녀는 마치 어디론가

도망가는 사람처럼 분주하고 정신없어 보인다.

리옹 역에는 지중해로 가는 열차가 이미 대기 중이다. 마르크스는 딸과 사위들, 손자들과 작별인사를 하고 일등석에 몸을 실으려 한다. 짐들은 수하물 운반인과 차장이 가져가 싣는다. 제니는 마르크스에게 작은 봉투를 하나 건네고 엘레아노르는 무거워 보이는 외투를 건넨다. 손자들은 여전히 야단법석이다.

"아버지, 남은 약이에요." 제니가 약을 전해준다.

엘레아노르는 아버지 별명을 부른다.

"모어, 그 외투 좀 입으세요. 날씨가 꽤 추우니까."

"할아버지! 코트 입으세요. 코트 입으세요!" 손자들이 소리친다. 마르크스는 코트를 걸치며 웃다가 심하게 기침을 하며 가슴을 움켜잡는다. 슬퍼 보인다. 마르크스는 몸을 기울여 제니에게 속삭인다.

"제니야, 내가 이 병을 이겨낼 수 있을까. 난 그저 네 엄마만 생각한단다."

혼잡함 속에서 롱게는 귀스타브 플로베르Gustave

Flaubert가 쓴 〈성 앙투안의 유혹La Tentation de Saint Antoine〉을 마르크스에게 건넨다.

"장인어른, 이젠 생각도 좀 그만하고 머리를 식히시지요."

'만약 한 평범한 가정의 아버지인 그가 성 앙투안이라면 세기말의 유혹에 대항해서 싸울 수 있을까?'

엘레아노르는 조금 떨어져 서있다. 라우라와 라파르그가 기차 창틈으로 브랜디 한 병을 건넨다. 기차가 움직이기 시작하자 가족들이 동시에 손을 흔든다.

❧

이 여행은 병 치료를 위한 것이다. 출판사에 넘길 원고도 없고, 의회 연설을 준비하지 않아도 되며, 이전 여행과 같은 일상을 보내지 않아도 된다. 마르크스는 단순하게 '여행 수단'인 기차에 대해 생각하게 된다. 어떻게 이 증기 기관차가 대륙을 횡단할 수 있는 거지? 기관차는

낡아 보인다. 전기는 이미 넓은 구간도 소리 없이 수월하게 전송된다. 곳곳에 새로운 종류의 동력기, 발전기, 터빈이 있다. 이러한 장치들이 기계를 움직이고 세상을 움직인다.

집, 호텔, 팬션 등에 전기가 흐른다. 무엇보다 전선 케이블은 대륙을 횡단하면서 가치 있는 정보들을 실어 나른다. 마르크스는 잠깐 잠이 든다. 그는 파리-리옹-마르세유 구간 기차 일등석 칸의 유일한 승객이다. 기차가 떠난 지 얼마 되지 않아 한 여자가 두서너 개의 짐을 들고 마르크스를 스쳐 지나간다. 두 사람은 잠시 눈을 마주쳤다. 짙은 갈색 머리를 한 그녀는 친구 루드비히 쿠겔만의 아름다운 부인 게르투르드 쿠겔만을 떠오르게 했다. 마르크스는 잠에서 깬 후 그녀가 다시 생각났다. 살면서 한 번도 부유한 적이 없던 마르크스는 지금 부유한 영국 신사처럼 여행 중이다. 물론 돈은 많이 들어가겠지만… 밖은 다시 어두워지기 시작한다. 계획에 없던 휴식이다. 마르크스가 다음날 엥겔스에게 쓴 편지에는 다음과 같이 적혀져 있다.

"약 한 시간 반 동안 까씨스(Cassis, 프랑스 프로방스 지방의 마르세유에 가까운 작은 오촌)에서 문제가 발생해 정차했었네. 이제 또 같은 문제로 빌랑스(Valence, 프랑스 남동부 도시)에 멈춰있어. 이번에는 엄청나게 추운데다 살이 에이는 듯한 바람까지 불고 있는데 말이야. '술'의 힘을 빌려 계속 견뎌내고 있다네."[07]

마르크스는 오한이 나서 외투를 여몄다. 여행 가방 하나가 머리 위 짐칸에 위험하게 걸려있다. 또 다른 중요한 여행 가방은 마르크스 옆에 잘 놓여 있다. 마르크스가 브랜디 한 병을 다시 가져오려 했을 때 뚱뚱한 차장이 일등석 칸으로 들어왔다.

"선생님, 지금 기관차에 문제가 생겼습니다. 기차가 지연된 점 양해 부탁드립니다."

마르크스가 강한 악센트의 프랑스어로 불평했다.

"2시간이나 지연되다니! 문제가 해결되기는 합니까? 원인이 뭔데요?"

차장이 모자를 다듬는다.

"제가 원인을 한 번 알아보겠습니다."

마르크스는 근대 기술의 발달과 물류와 관련된 사항에 대해 관심이 많은 사람이다. 그래서 원인이 무엇인지 알고 싶어 했다. 마르크스는 밖으로 어둠을 보았다.

"이렇게 멋지고 혁신적인 기계가! 개인 소유라니!"

마르크스가 심하게 기침을 한다. 마침내 브랜디 한 병과 은색 잔을 꺼낸다.

"모든 것이 국유화되어야 해!"

기차가 다시 움직이고 바퀴가 덜컹거린다. 마르크스는 안주머니에서 부인 사진을 꺼내 한참을 들여다본다. 눈물이 흐른다.

❧

그는 다시 사진을 안주머니에 넣고 여행 가방을 뒤적거려 종이가 가득 들어있는 두꺼운 파일 하나를 꺼낸다.

그가 파일을 열려고 했을 때 기차가 갑자기 정차했다. 파일에서 종이 몇 장이 바닥으로 떨어져 흘러나갔다. 종이에는 복잡한 도식, 공식, 수열이 가득하다. 그는 사고를 시작했을 때부터 가상 자본주의의 모습을 그렸다.

마르크스의 영국 친구 한 명은 그 그림을 '인지 지형도 cognitive maping'라 불렀다. 기차 칸 바닥에는 수학, 원시 시대, 자연사와 사회집단의 관계, 진화, 심지어 골상학에 대한 메모까지 떨어져 있다. 하지만 또 다른 한 뭉치의 종이 다발은 전체가 주식 시세, 주식시장 등 그 당시 금융계와 관련된 자료들이었다.

이제 밖은 어두워지기 시작한다. 가끔씩 번개가 하늘을 밝힌다. 창밖에는 번개로 인해 도시의 실루엣만 보인다. 그리고 기차는 정차가 무의미한 도시들을 빠르게 스쳐 지나간다. 갑자기 캄캄해지고 익숙한 개념들이 떠오른다. 부족사회, 노예 소유 사회, 봉건주의, 자본주의, 사회주의, 생산력. 그리고 새로운 개념들도 떠오른다. 주식시장 붕괴, 주식회사, 투자 이익, 상품거래소….

마르크스는 서둘러 흩어진 자료들을 주워 모은다.

기차가 두 시간이나 지연돼 새벽 2시에 적막한 마르세유 역에 도착한다. 마르크스는 깐비예흐Cannebière거리에 있는 '쁘띠 루브르 호텔'에 가기 위해 짐꾼의 도움으로 마차에 오르려한다. 하지만 마차에 오르기 전에 또 하나의 번거로운 절차가 기다리고 있다. 바로 여행자 출입국심사였다.

❧

1882년 2월 18일 토요일. 마르크스는 마르세유 항구에서 알제로 가는 배에 몸을 싣는다. 시간은 오후 다섯 시. 햇살은 비치지만 서늘하고 바람이 분다. 마르세유 항구는 지중해에서 가장 분주한 항구다. 부두에는 나무로 된 술통, 통나무, 목재 컨테이너가 가득히 쌓여있다. 바다 쪽으로 열려 있는 창고와 연결된 화물용 판 위에 가득 찬 자루들과 기계, 구리선들이 뭉치로 들어있다. 메인 부두를 따라 철길이 놓여 있고, 철길 위에는 화물 열차들이 줄지어 서 있다. 그 사이에 다양한 물건들을 실은 마차들이 보인다.

항구에는 돛을 단 화물선과 어선들이 여러 척 있고, 부두 중앙에는 굴뚝이 있는 증기선들이 쭉 늘어서 있다. 그 중 한 척은 우편선인데 선명은 '사이드Said호'로 우편물들을 싣고 있다. 규모는 1,163톤으로 그렇게 큰 편은 아니다. 마부는 마르크스가 배에 짐을 싣는 것을 돕는다. 60여 명의 승객을 위해 배에 오르는 입구가 두 곳이 있다. 한 곳은 일반 승객을 위한 곳이며 짐을 가득 들고 있는 승객들로 가득하다. 그 중 몇 명은 갑판 위 천막[08] 아래서 34시간을 지내야 한다. 또 다른 입구는 일등석 승객을 위한 곳이다. 기차에서 본 젊은 여자는 이등석 승객으로 마르크스가 각종 신문에 얼굴이 실린 유명인사라는 것을 이제야 눈치를 챘다. 갑판에서 젊은 선장이 서서 아홉 명의 일등석 승객에게 일일이 인사를 건넨다. 마르크스도 그 중에 있었다. 다섯 살쯤으로 보이는 남자아이가 선장인 마세의 바지를 움켜잡는다.

마르크스는 아이 쪽으로 허리를 굽혀 프랑스어로 물어 본다.

"넌 누구니?"

어린 아이 대신 마세가 대답하며 동시에 자기 뒤에 서 있던 젊은 여자에게 손짓을 한다.

"로버츠라고 제 아들입니다."

아이가 마르크스의 수염을 잡아당긴다. 그의 얼굴이 찌푸려진다.

"선생님께 제 안사람을 소개해 드려도 될까요. 선생님 과 대화를 나눌 기회가 있으면 좋겠습니다."

마르크스는 다른 일등석 승객들이 밀치기 전에 정중하 게 허리를 굽혀 양해를 구하고 먼저 짐을 찾는다. 배가 출발하기 직전에는 선상이 혼잡하다. 사람들을 헤치고 마르크스는 자기 방을 찾았다. 객실은 안락함이 전혀 없 으며 매우 좁아 보인다.

마르크스는 몇 해 동안 한 미국 언론사의 특파원으로

일하면서 생활비를 벌었다. 하지만 그는 미국은커녕 유럽을 한 번도 벗어난 적이 없었다. 이런 점에서 작은 증기선의 여행은 그에게 '미지의 세계'에 대한 환상을 불러일으켰다. 밧줄이 풀리고 증기기관이 작동하기 시작한다. 부둣가와 갑판에 서 있는 사람들이 손을 흔든다. '사이드 호'는 빠르게 항구에서 멀어진다. 마르크스는 '사이드 호' 기계실로 향해 열려 있는 방수 격벽에 잠시 머무른다. 작업 인부들의 검게 그을린 얼굴이 산업화 초기 모습을 여실히 보여준다. 하지만 이는 증기기관 시대가 끝나가고 있음을 암시하기도 한다. 마르크스 역시 증기기관 시대가 끝났다고 생각하며 새로운 기계 시대를 미화하고, 기계 시대의 어두운 일면은 부정하는 경향을 가지고 있는 사람들 중 한 사람이었다.

마르크스는 선실에 누워 작은 창문을 바라본다. 얼굴

이 땀으로 젖어있고 심한 기침으로 발작이 일어난다. 브랜디 한 모금을 마신다. 호흡기를 사용할 수밖에 없다. 기계실에서 들려오는 소음이 참기 힘들다. 증기선이 쿵쾅거리고 우르릉 거린다. 잠결에 도버와 칼레(Calais, 도버 해협에 있는 프랑스 항구도시)를 횡단했던 것을 회상한다. 유배지였던 런던에서 프랑스 대륙으로의 횡단에 대한 기억이었다. 마르크스는 유년기 시절의 끝없는 지식욕과 실천력, 유럽에서의 혁명적인 보헤미안 시절을 그리워한다.

그는 나이가 들 때까지 기존 경쟁자들은 물론 계속해서 생겨나는 새로운 경쟁자들과 개인적인 불화를 일으키는 경향이 강했고, 이 성격은 엥겔스와 비슷했다. 이런 반목과 불화에 마르크스는 많은 시간과 기력을 허비했다. 서민을 위한 가짜 혁명가이자 루이 보나파르트Louis Bonaparte의 스파이였던 칼 포크트Karl Vogt와의 논쟁은 아주 유명한 일화다. 그 당시 유명했던 무정부주의자, 반동주의자, 자유주의자, 사회민주주의자, 보수주의자, 극

좌파들과 행했던 수많은 논쟁은 꼭 오늘날 볼 수 있는 논쟁인 것처럼 익숙하다.[09]

일례로 마르크스와 대립했던 미하일 알렉산드로비츠 바쿠닌Michail Alek-sandrovic Bakunin은 다음과 같은 칭호로 불렸다. 괴물, 거대한 살과 지방 덩어리, 범슬라브주의의 무뢰한, 모스크바식의 민폐쟁이, 허풍떠는 과격분자, 협잡꾼, 헛소리꾼, 이론은 하나도 없는 급진주의 허풍, 야비한 것은 뭐든 가능….

마르크스의 꿈속…

"마르크스는 파노라마 속에서 엥겔스, 세 딸, 그리고 정치적 동지들과 함께 카페리 위에 있다. 정치적 망명자로, 쫓겨나는 노동운동 이론가로, 가족 구성원으로, 요양이 필요한 병자로 이 자리에 서 있다. 마르크스가 엥겔스와 〈공산당 선언〉을 집필할 때처럼 정치적으로 역동적이었던 1848년과 혁명의 시간에서 일어난 집회와 논쟁들이 활기를 찾는다.

〈자본론〉의 초안이 날아다니다 나이가 들고 병이 든 마르크스의 가슴 위에 무겁게 놓여진다. 그 위에는 다음과 같은 문장이 적혀 있다.

'이제까지의 모든 사회역사는 계급투쟁의 역사다…. 지배계급과 상반된 계급을 가진 오래된 시민사회에 모든 것이 자유롭게 발전하는 연합이 결성된다…, 전 세계의 프롤레타리아여, 연합하라!'"

❧

기계 소리가 시끄러워 잠에서 깬다. 〈공산당 선언〉 샘플 한 권이 정말로 마르크스 가슴 위에 놓여 있다. 책을 몇 장 넘기더니 흥에 겨워 다음 문장을 소리 내어 읽는다.

"강력한 생산수단과 교통수단을 탄생시킨 현대 시민

사회는 흡사 마술사와 같다. 하지만 이 마술사는 자기들이 만들어낸 이 위대한 것들을 더 이상은 지배하지 못할 것이다."[10]

❧

마르크스는 여행 가방에서 다시 '비밀스러운 내용이 가득 들어 있는 파일'을 꺼내 원가 곡선과 주식 곡선이 가득 적혀있는 종이들을 몇 장 꺼낸다. 그리고 곡선에 집중하려고 시도하면서 기계 소리 때문에 귀를 막는다. 마르크스는 미국산 파커 만년필을 재빠르게 꺼낸다. 당연히 배가 출렁거려 글씨를 잘 쓸 수가 없다. 화가 난 마르크스는 종이와 만년필을 다시 가방에 집어넣는다.

선실 창밖으로 수평선을 바라보며 지구의 굴곡을 느낀다. 지구는 일반적으로 모든 생산품을 위한 노동의 대상이며, 투기의 대상이 되기도 한다. 물! 자연과 인류의 역사에서 가장 중요한 천연자원인 이 물은 마르크스를 아프리카로 이동시키고 있다. 하지만 자본은 이 물을 향해 손을 뻗고 사유화하려고 한다. 마르크스는 강, 바다, 대양과 같이 더 큰 형태가 될 수 있는 가능한 모든 형태의 혼합물에 대해 생각한다. 다른 천연자원, 원유, 석회, 인간의 배설물이나 동물의 배설물과의 혼합물에 대해서도 생각한다.

생각은 계속된다. 추출되거나 벌목된 자원이나 채굴된 대량의 천연자원이 어떻게 이런 놀랍고 복잡한 개인의 사유 시스템을 형성할 수 있을까? 자본이 산업을 발전시킬수록 이런 종류의 사치품은 지구를 더 많이 망가뜨리고, 국가 경계와 지역적 경계를 무너뜨리며 국민들을 통제한다. 어떤 권력이 그 뒤에 있는가? 어떻게 그것이 가능한가? 노동력을 착취하는 공장장들 때문에? 전 세계 케이블을 이용해 놀라울 정도로 빠르게 자본을 늘리며 공장장들을 착취하는 투기업자들 때문에?

마르크스는 결의에 차 만년필을 움켜잡고 새로운 공식을 종이에 적어내는 데 성공한다. 글씨는 서툴러 보인다.

훗날 사람들은 그 공식을 다음과 같이 해석했다.

'실물적 팽창이 일어나는 시기에는 금융자본(g)이 상품 생산량(w)을 증가시키고, 이 생산에는 상품으로서의 인적 자원과 천연자원이 포함된다. 금융적 팽창이 일어나는 시기에는 팽창한 금융자본(g')이 상품 생산에서 벗어나 금융거래의 형태가 되어 자본 축적을 일으킨다. 즉, 금융자본이 생산량을 증가시켜 다시 자본을 증가시키는 g-w-g' 공식이 아닌, 금융거래를 통해 다시 바로 돈을 벌어들이기 때문에 금융자본에서 바로 팽창된 자본이 되는 g-g' 공식이 성립되는 것이다.'[11]

✺

여행 중에 마르크스는 이른바 '시민'들과 친하게 지냈다. 그는 정치나 경제과 관련된 토론에서는 강한 어투로 말하고 냉소적인 표현을 사용했으며 어떤 표현에도 거침이 없었다. 하지만 일상에서는 아이들과 여성에게 다정하게 대했다. 영국 출신의 한 유치원 교사가 이를 부러워할 정도였다.[12] 마르크스는 사교적이고 상냥했다. 그래서 사이드호의 젊은 선장과 그의 부인뿐만 아니라 특히 선장의 아들 로버츠와도 친하게 지냈다. 마르크스가 쓴 편지에 선장 마세는 '매우 착한 사내'라고 적혀 있었다.

항해 둘째 날 점심. 마르크스는 로버츠와 승객이 가득한 갑판을 큰 소리로 떠들며 돌아다녔다. 그 과정에서 기차에서 만났던 사람들과 몸을 부딪쳤고 정중하게 사과하기도 했다. 그는 잠깐 숨을 고르더니 계단 위에 있는 마세에게 올라갔다.

"나도 로버츠와 동갑인 손주 녀석이 있습니다. 이름은 조니라고 하지요."

"아! 네. 알제에선 어디에서 머무를 예정이신지요?"

"조니 아비의 친구, 그러니까 제 사위 친구가 알제에서 판사로 있습니다. 페르메라고 하지요. 그는 파리 코뮌의 일원이었는데 추방되어 알제에서 지내고 있답니다. 사위가 그 친구에게 장문의 편지를 써줬어요. 그래서 여권이

따로 필요 없게 되었지요."

마세가 미소 지으며 말한다.

"맞습니다. 이름 적힌 승차권만 있으면 되죠."

마르크스가 저편을 바라본다.

'벌써 몇 개의 여권을 받은 걸까… 또 몇 개나 뺏겼더라?'

선원 하나가 마세를 찾는다. 구식의 작은 증기선이 요란하게 지중해를 가르며 나아가고 있다. 마르크스는 다리 위에 혼자 서 있다. 차가운 바람이 그의 '수염'과 '페리위그'를 가르자 얼굴이 확 드러난다. 그는 차가운 바람 속에 저돌적으로 한 마디를 내뱉는다.

"내가 지금 여기서 뭘 하고 있는 거지?"

제2장

알 제

2월 20일, 새벽 3시가 조금 지난 시각이다. 사이드 호는 알제[01]에 정박하는 중이고 삼색기를 게양하고 있다. 작은 배 한 척이 승객과 짐을 부둣가로 나른다. 기차에서 만났던 젊은 여인이 배에 앉아 마르크스에게 손을 흔든다.

페르메 판사는 호감형으로 생긴 마흔 살 언저리의 남자다. 그는 혼잡한 알제 항구에서 마르크스를 단번에 찾아낸다. 사회주의 지도자 중 한 사람인 마르크스의 사진이 곳곳에 걸려있기 때문이리라.

"선생님? 마리-레오폴드 알버트 페르메입니다! 알제

에 오신 것을 환영합니다."

두 사람은 반갑게 악수를 나눈다.

"피곤하시죠. 바로 저 건너편에 호텔이 있습니다."

페르메는 짐꾼을 부르고 마르크스는 힘겨워하며 여행 가방을 내려놓는다. 페르메는 마르크스를 엘 자자이르 El Dzazair 부두 쪽 계단으로 안내한다. 호텔로 가는 가장 빠른 지름길이다. 그 길에서 항구와 도리엔트 호텔 Hôtel d'Orient이 놓여있는 번화가를 바라보며 빈부 차이를 느낀다.

마르크스가 머무는 호텔은 광장에 들어서면 맨 앞쪽에 있는 호텔로 숙박비가 매우 비싸다. 주로 영국 대부호들이 이용한다. '긍정적'인 면도 있고, '부정적'인 면도 있는 상류층의 속성과 마르크스가 시험대에 올랐다. 겉보기에 그는 다른 호텔 투숙객들과 별 차이 없어 보이지만 그의 작은 행동들은 그가 다른 세상에 속해있고, 하지만 또 다른 세상에 속하고 싶다는 것을 보여주고 있다. 그는 런던에 있는 프리드리히 엥겔스에게 전보를 보내려고 한다.

호텔 리셉션에 있는 가격표를 살펴본다. 그가 페르메를 돌아보며 말한다.

"터무니없는 가격이군. 영국에서 온 부르주아들이 많아. 너무 시끄러워."

"첫날이라 그럴 겁니다. 참고로 말씀드리면, 근처엔 고층 빌라도 있습니다. 전망이 좋아요. 곧 보시게 될 겁니다. 가격도 훨씬 저렴하고요."

마르크스가 손가락을 구부려 '딱' 소리를 내며 말한다.

"자네 알고 있지? 엥겔스가…"

마르크스가 방 안으로 들어선다. 화려하고 탁 트인 현관, 큰 홀, 테라스와 비교하면 객실은 굉장히 검소하다. 북적거리는 부둣가를 바라볼 수 있는 것만으로 좋다. 그가 기침을 한 번 하고 숨을 가쁘게 몰아쉰다. 그는 그 '무식하기 짝이 없는 코트'를 옷장 한구석에 넣어두고 가벼운 코트를 꺼낸다.

2월 21일 오전, 페르메가 호텔로 마르크스를 데리러 온다. 두 사람은 넓은 호텔 테라스 카페에서 아침 식사를 한다. 조금 떨어진 곳에 남자들의 무리가 앉아있다. 그중에 키 크고 마른 편인 노신사가 눈에 띈다. 마르크스가 그를 잠시 바라본다. 페르메가 눈치 채고 말을 잇는다.

"선생님. 저분과 곧 인사하게 되실 겁니다. 여기 주재하는 독일 영사님이세요. 프뢰벨Fröbel 박사님이라고."

마르크스는 다시 한 번 그쪽을 본다.

"율리우스 프뢰벨 박사?"

"네. 1840년대에 급진 진보 야당에 몸담고 있다고 들었습니다. 지금은 그렇게 보이진 않죠. 빈에서는 심지어 폭동을 지지해서 사형선고를 받았었는데… 사면을 받았었고…"

"아! 저 사람 알아! 빈에 있을 때 민주주의연합에 함께 가입했었지. 1848년에! 나보다 나이가 많지 아마."

"프뢰벨 영사님은 한 여든 즈음 됐을 거예요. 여기에

서 가족과 함께 살고 계시죠. 대가족입니다. 결혼한 딸들과 손주들과 살고 있습니다. 요즘은 정치에는 관심 없어 보여요. 이 카페에 자주 오시죠. 저쪽으로 한번 가 보실까요?

마르크스는 페르메의 말을 듣지도 않고 계속 이야기한다.

"아주 젊고 부유한 미국 여자와 결혼했지. 그러고 나서 미국식 '사치'와 '젠틀맨 행세'에 찌들었고 독일 이민자들을 중앙아메리카로 모아 들였지."

"만나보지 않으시겠습니까?"

"아니 괜찮아. 이 카페 다시 들르기는 어려울 것 같군."

"저분 비서가 선생님이 여기 계신 걸 알게 될 거예요. 〈모니퇴흐 드 랄제리(Moniteur de l'Algerie, 프랑스어와 아랍어 등 2개 국어로 출간되는 프리미엄 잡지)〉에 실린 유명인사 승객들 리스트를 수시로 확인하거든요. 아마 선생님에 대해서도 조회해 볼 거예요…."

마르크스는 화가 나 자리에 앉아 있을 수가 없다.

"조금 쉬어야겠어. 자네는 참 말이 많군!"

그는 출구 쪽으로 걸어가다가 '흡연구역'에 잠시 멈춘다.

"이젠 담배도 피워서는 안 되겠지!"

마르크스의 1848년 혁명 동지들 대부분은 권위 있는 기관에 들어갔다. 공산주의 연합에서 가까운 동지 중에는 비스마르크의 공보관이었던 로타르 부허Lothar Bucher가 있다. 취리히 캔턴의 시민이었던 율리우스 프뢰벨은 1805년생으로 혁명에 동참하기 위해 1844년 교수직을 포기했다. 1849년부터 1857년까지 프뢰벨은 뉴욕에서 살았다. 유럽으로 다시 돌아와 1867년부터 1876년까지 뮌헨에서 중립적인 자유주의의 〈쥐드도이체 프레세 신문사Süddeutsche Press〉를 이끌었다. 1873년에는 서머나Smyna 독일 영사가 되었고 1876년에 알제로 옮겼다. 알제에서 12년 동안 영사를 지냈으며 1888년에 퇴직한다.

프뢰벨이 여느 때와 같이 우편선과 함께 도착한 유명

인사 명단을 훑어본다. 갑자기 프뢰벨이 펄쩍 뛰며 외친다.

"마르크스!"

지시를 내린다.

"그를 찾아 감시해!"

그리고 '그와 거리를 두어야겠지'라고 생각한다.

프뢰벨의 고용주인 오토 폰 비스마르크Otto von Bismarck는 유럽 노동운동의 핵심이었던 마르크스와 독일 사회주의 노동당이 다른 당들과 함께 의회 의석을 차지하고 있음에도 불구하고 독일 사회주의 노동당을 예의주시했고, 사회주의자 진압법을 앞세워 그를 감시했다.

어쩌면 비스마르크는 페르디난트 라살레Ferdinand Lassalle와 만났던 것처럼 지식이 풍부하고 탁월한 경쟁자인 마르크스와 대화를 나누고 싶어 했는지도 모른다. 마르크스에게는 독일제국이 그러했다. 의회 형태를 외치면서 봉건주의의 소유를 혼동하고, 동시에 부르주아의 영향아래 관료주의를 만들어 낸 경찰이 감시하는 군사

전제정치의 독일제국과 조우하고 싶었는지 모른다.[02]

※

알제를 벗어나 이슬리 거리를 지나는 사람이라면 큰 길을 하나 만나게 된다. 언덕 강가의 한 쪽에는 정원이 딸린 모리타니아 식의 빌라들이 있다. 다른 한 쪽에는 집들이 내리막을 따라 줄지어 서 있다. 이른바 '무스타파 수페리예Mustapha Supérieur'라 불리는 이 지역에는 공사가 중단된 주택들이 다시 지어지고 오래된 집은 철거된다.[03]

마르크스와 페르메는 마차 위에 있다. 둘은 잠시 침묵한다. 페르메가 손짓을 한다.

"여기서부터 무스타파 수페리예 지역이 시작됩니다. 저쪽이 제가 사는 곳이고요. 저 위에는 예쁜 팬션들이 있어요."

마차는 무스타파 수도원의 현대식 집 앞에서 멈춘다. 1

층 창문 안에서 페르메의 부인과 아이들이 손을 흔든다. 마르크스와 페르메는 입구로 들어선다. 마르크스는 방금 길 건너편을 냉소적으로 쳐다보았다. 페르메의 집 건너편 거리에는 감시원이 있다. 감시원은 마르고 커바일 사람처럼 옷을 입고 있었지만 얼굴과 행동은 활발한 프로이센 공무원처럼 보인다. 마르크스와 관계된 보고서에는 의미 없는 내용들이 알제와 베를린에서 교환될 것이다.

이러한 상황 속에서 마르크스는 언제나 자기만의 방식을 가지고 집필에 열중하고 있다. 몇 명의 공무원들은 검열뿐만 아니라 여러 가지 이유로 마르크스의 필체를 잘 알고 있었다. 하지만 마르크스의 얼굴사진은 베를린의 지배계급처럼 점점 변해가고 있다.

1879년 '자유주의' 성향이 강한 독일 왕세자비는 마르크스의 명성을 듣고 그란트 두프 의원을 런던에 급파한다. 그란트 두프는 진중한 지식인인 마르크스에 대해 좋은 평가를 내린다. 그가 만난 마르크스는 혁명가는 맞지만 경찰들이 생각하는 '요람 속 아이도 잡아먹을 듯한 그런 잔인한 혁명가'는 아니었다. 오히려 마르크스는 지성인이었으며, 비교 문법에 흥미를 느껴 구 슬라비아어를 배웠고 특이한 연구에 몰두한 사람 같았다. 건조하고 신랄한 화법을 구사하고 조금 냉소적이기도 하지만 가끔 과거와 현재에 대해 '매우 올바른 생각'을 보여주기도 했다. 그러나 그란트 두프는 마르크스가 미래에 대해 이야기 할 때에는 이해하기 어려웠다. 미래에 있을 러시아 제국의 변화와 개혁시대의 실패, 심지어는 프로이센 군사제도에 반대하는 폭동에 관한 것도 있었다.

'자율적인 군비축소는 불가능할 것이고, 기술의 발전은 영구적으로 완벽한 파괴 수단이 될 것이며, 지출은 멈추지 않고 증가할 것이고 모든 것은 출구 없는 악순환이 될 것이다'라고 말했다. 그란트 두프는 마르크스를 다시 만나고 싶어 했다. 그리고 그는 확신했다.

'마르크스가 원하든 원하지 않던 그가 세상을 바꾸지는 못 할 것이다.'[04]

며칠 후. 마르크스는 두 달 정도 머무를 예정으로 무스타파 수페리예 지역에서 모리타니아 식의 빅토리아 팬션으로 거처를 옮겼다. 첫날에는 '아래층 정원에서 아프리카 흑인들이 어떻게 춤을 추는지, 긴 캐스터네츠를 어떻게 치고, 그러면서 머리를 어떻게 희한하게 돌리는지, 얼굴을 어떻게 넓게 만들고 기쁘게 웃는지'를 관찰했다. 마르크스 뒤에서 또 다른 사람이 꽤 거들먹거리는 웃음을 지으며 구경하고 있다. 그 사람은 '무어인'(Maure, 영어로는 moor, 독일어로는 Mohr, 아프리카 북서부에 살았던 이슬람족)으로 알제에 있는 아랍인들을 그렇게 불렀다.[05]

여기서 알아야 할 것은 마르크스가 가족이나 친구들에게 애칭으로 모어Mohr라고 불렸다는 것이다.

아침 일찍 마르크스는 3층 자기 방 앞에 있는 작은 갤러리에 들어간다. 작은 정원용 원형 탁자에 앉아 엥겔스에게 보내는 편지를 마무리한다. 그는 잠시 바다를 둘러

보고 고개를 숙여 종이에 자신만의 시각으로 바라본 파노라마를 떠올리며 다음 문장을 적는다.

'방 앞에 지중해 연안이 보이는 이 훌륭한 장소, 알제 항구, 빌라의 원형으로 된 언덕… 계속해서 펼쳐지는 산맥, 저 뒤에 눈 쌓인 산봉우리, 카릴리 산맥, 쥬르 쥬라 Djudjura 산맥 꼭대기….'[06]

아름다운 경치에도 불구하고 그의 표정에서 깊은 상실 감이 엿보인다.

'아침 8시. 파노라마, 공기, 식물, 유럽과 아프리카의 환상적인 조화는 더 이상은 아니라네. 매일 아침 9시에서 11시 사이는 산책 시간일세.'[07]

편지의 마지막 줄은 특히 더 느리게 흘러간다.

'하지만 다 거짓말일 거야. 고백하자면, 여기서 내가 생각하는 것 중 아내에 대한 추억이 가장 큰 부분을 차지하고 있다네. 아내와 함께했던 시간이 내 인생에서 최고의 시간이었지!'[08]

마르크스는 편지를 접고 봉투에 엥겔스의 런던 주소를

적는다. 편지를 붙이기 전에 메모 한 장을 더 써넣는다.

'추신: 주식투자를 적극적으로 촉진시킬 방법에 대한 생각이 거의 정리됐네. 금융자본은 스스로 불리한 쪽으로 흘러갈 걸세.'

※

'빅토리아 팬션'에는 두 명의 여주인이 있는데, 로잘리 부인과 알리세 부인이다. 투숙객인 카스텔라즈 부인과 아들 모리스 카스텔라즈도 있다. 모리스는 의사이자 약사이면서 스스로 환자이기도 하다. 모리스는 마르크스의 '간병인'을 자청하고 마르크스를 정성껏 돌봤다. 뇌샤텔(Neufchâtel, 프랑스 도시) 출신의 클러드 부인과 아르망 마그마데르씨, 신문광고로 가정교사를 지원한 이름 모를 젊은 여성도 있다.[09]

이 이름 모를 여성은 증기선에서 마르크스와 잠깐 스친 적이 있다. 그녀는 마르크스를 팬션에서 다시 만났을 때 "그 유명한 마르크스 선생님 아니세요!" 하며 놀라 소리쳤다. 그 이후 두 사람은 대화를 자주 나누었다. 그녀는 참한 외모를 가지고 있고, 똑똑하며 몇 개 국어를 구사할 줄 알았다. 마르크스는 이 여성에게서 친근함을 느꼈고 막내딸과 전에 만났던 다른 여자들을 떠올리게 했다. 마르크스는 과거의 기억들을 떠올렸고 특히 나이 든 남자로서의 본성에 충실한 미래의 시간들을 상상하기도 했다. 이 젊은 여성은 마르크스의 남은 마지막 몇 개월 동안 큰 역할을 한다. 이름은 베라 슈티르너. 데사우에서 왔다.

베라는 실연의 아픔을 겪고 있었고 친척이 있는 알제에서 한동안 머물러 있을 예정이다. 베라는 지기가 넘치고 그 당시 정치 상황에 대해서도 많은 관심을 갖고 있었다. 간단히 표현하면 제국에서 해방된 여성과 초기 여성운동의 표징이라고 할 수 있었다. 마르크스는 식당을 들르기 전 편지꾸러미를 들고 알리세 부인에게 편지를 보내 달라고 부탁한다.

식당에는 두 개의 테이블이 있다. 테이블 한 곳에는 카스텔라즈 부인과 아들이 앉아 있다. 옆 테이블에는 클러드 부인과 아르망 마그마데씨와 베라 슈티르너가 앉아 있다.

마르크스는 앉아있는 사람들 모두에게 인사를 하고 카스텔라즈 부인 옆에 앉는다. 로잘리 부인이 아침 식사를 준비해주었고 마르크스는 집에서 시중들어 주는 렌헨을 떠올린다.

마르크스는 외알 안경을 쓰고 모리스 접시 옆에 놓인 프랑스 신문을 본다.

"부인, 좋은 아침입니다. 모리스 선생도 잘 지내시죠?"

"얘가 어젯밤에 심하게 끙끙 앓았어요. 옷을 너무 얇게 입는다니까요."

모리스는 여유 있게 미소를 지으며 어머니를 바라본다.

"저는 무탈합니다. 선생님은 어떠세요?"

"선생께서 가슴에 있던 물집과 종양을 없애준 덕분에

한결 좋아졌습니다. 많이 편해 졌어요."

"제가 좋아서 하는 일인데요 뭘. 그건 그렇고, 여기서 슈테판 의사 선생님께 진료 예약을 하셨다고요? 잘 하셨어요. 그분은 정말 최고의 의사입니다."

"네, 오늘 오후에 검진이 있습니다."

다른 테이블에서 베라는 〈쁘띠 콜론 알제리엔(Petit Colon Algerién)〉신문에 난 공고란을 들여본다. 창백한 얼굴을 한 30대로 보이는 젊은 남성인 아르망씨가 장난치듯 신문을 들고는 소리 내어 읽기 시작한다.

"한 여성이 가정교사가 필요한 가정을 찾고 있습니다. 추천서도 있습니다. 자세한 사항은 빅토리아 호텔에 문의하세요. 5개 국어를 구사하는 것은 어렵지 않습니다, 마드무아젤 베라!"

"이리 주세요, 아르망씨!"

마르크스는 자리에서 일어나면서 오른편 가슴 쪽을 잡는다. 그가 들고 온 책 한 권을 들고 베라 슈티르너 쪽으

로 다가간다. 흰 옷깃이 있는 검은색 원피스를 입은 베라
가 수줍어하며 좋아한다.

"마드무아젤 베라, 어제 우리가 얘기한 책 여기 있어
요. 〈여성과 사회주의Die Frau und der Sozialismus〉요.

"어머! 선생님. 이럴 생각으로 말씀드린 게 아닌데."

베라는 얼굴이 조금 붉어지고 눈에 띄게 기뻐한다.

"제 친구 아우구스트 베벨이 당신과 같은 젊은 여성들
을 위해 쓴 책입니다."

"이제 말할 때마다 한 번 더 생각해야겠어요. 어째든
선생님 감사합니다."

마르크스와 베라와의 관계는 마르크스가 부인의 죽음
을 극복하고, 딸들에 대한 집착을 버리는 데 도움이 된
다. 베라의 나이를 감안한다 하더라도 마르크스가 딸들
에게 대하는 태도와는 전혀 다르다. 베라는 대화에서 항
상 주도권을 잡는다.

그리고 마르크스는 그 주도권을 다시 가져오려고 한
다. 하지만 주도권을 100퍼센트 다 가져오지는 못한다.

왜냐하면, 베라는 죽은 마르크스의 아내, 젊은 시절의 렌헨, 그리고 '사회주의를 동경하는 여성'이 가진 모든 성향을 다 갖추고 있기 때문이다.

※

찰리 외젠 슈테판 박사는 42세로 알제 최고의 의사이며 마르크스가 알제에 머무는 동안 치료를 담당한다. 모리스 카스텔라즈는 조수를 자청했다. 슈테판은 독일 출신으로 프뢰벨 패밀리의 주치의이기도 하다. 마르크스의 머리가 복잡해진다.

'위험하진 않을까? 슈테판이 그들에게 내 정보를 흘리지는 않을까?'

마르크스는 몸이 쇠약해짐에도 불구하고 놀랍게도 여행을 감행한다. 엄청난 양의 시가를 피우는 마르크스는 몇 년 전부터 심각한 피부병인 화농성 한선염[10]을 앓고 있다. 이 병은 마르크스의 정신적 산물을 생산하는 데 영항을 끼쳤다. 이제는 흡연으로 인해 기관지염과 늑막염도 앓고 있다. 또한, 지나친 음주로 간 질환 증세가 있다. 딸 예니도 간 질환으로 힘들어하고 있다. 마르크스에게 인간의 해방은 자연 과학과 의학적인 측면에서 이루어진 것이다. 결국 인간이 천성적으로 취약한 점들을 자연 과학적인, 그리고 의학적인 방법으로 극복하는 것이다. 하지만 그 당시 의술의 발전 정도란 그저 요양을 위한 여행이나 사실 별 도움이 되지 않는 치료사에 몸을 맡기는 수준이었다. 마르크스는 여행 중 학문에 대한 갈증을 느낄 때, 책이나 자기가 해둔 메모, 별다른 색인카드에 표시한 중요한 글을 읽는다. 그가 여행 중에 쓴 노트에는 의학적인 상세 설명이 가득했으며, 인간 존재의 무상함에 대한 개인적인 질문을 끊임없이 던지고 있다.

마르크스는 상체에 아무것도 걸치지 않은 채 방에 있다. 슈테판 박사가 1차 검진을 한다. 슈테판은 콜로디온 칸타리달을 물집 때문에 생긴 상처에 바른다.

"식사하실 때마다 한 숟가락씩 드세요. 이건 비소 약제

입니다. 코데인 정은 필요하면 복용하시고요. 특히 밤중
에 기침 나실 때. 움직이시되 너무 많이 움직이진 마시고
정신적으로도 안정을 취하셔야 됩니다."

"책도 보면 안 되나요?"

"대화만 나누십시오."

마르크스는 셔츠와 외투를 입고 슈테판은 가방을 챙
긴다.

"슈테판 박사님, 저를 자연과학 차원에서 보면 연구 대
상이라고 생각하시겠죠?"

"아뇨 전혀요. 저는 결국 자연 과학자들만이 세계를 구
할 수 있을 거라고 믿긴 합니다만. 우리의 생활과 영양
섭취 습관은 자연에 기반을 둬야 합니다. 제가 선생님에
대해서 들었을 때 다른 치료 방식도 필요하다고 느꼈습
니다."

"저에 대해 어떤 이야기를 들으셨는데요?"

"믿고 싶지는 않으실 겁니다. 여기 일간지인 〈쁘띠 콜
론 알제리엔〉지에 몇 주 전 선생님과 관련된 기사가 있

었습니다. 신기하게도 기사가 정말 적중했어요."

"실제로 내가 치료를 받기 위해 여기 아주 참담한 모습으로 박사님 앞에 앉아있어서요?

"날씨가 맑아지면 빠르게 회복할 겁니다. 치료 관련해서 말씀드리자면, 선생님께서 갖고 계시는 인간에 대한 견해는 인간이 자연에 맞추어 가는 것이 아니고, 오히려 인간이 자연을 사용하고 싶은 대로, 즉 연구 수단으로 사용한다는 느낌을 받았습니다. 인간은 노동을 통해서 자연을 변화시킵니다. 하지만 오늘날은 모두가 노동의 노예가 되었습니다. 제가 〈쁘티 콜론 알제리엔〉에서 읽은 기사가 아직도 정확하게 기억납니다. 기사 마지막 문장이 '일어나라, 이 땅의 우둔한 인간들이여!'였습니다. 그리고 노동자들도 주로 그렇게 생각하고 있죠."

검진이 끝날 무렵 마르크스는 객실 창문 쪽으로 걸어간다.

"모든 노동은 죽음에도 굴복하지 않습니다. 자유로운 노동도 그렇고요. 이런 무상함은 감수해야 합니다."

"하지만 선생님, 우리 몸을 이루고 있는 것들도 영원하지 않지 않습니까?"

"그거 나를 위로해 주시는 건가요?

언젠가 마르크스가 쓴 문장이 있다.

'노동력을 소모하는 것은 여타 다른 물건을 사용하는 것처럼 일반적으로 우리가 흔히 말하는 시장이나 유통 분야에서 이루어지지 않는다. 우리는 바로 숨겨진 시장에 있는 또 다른 자본가들과 재력가들을 따라 하기 위해 외부에 드러나 모두에게 공개된 시장이나 유통 분야를 피하려고 한다. 그리고 그 작업장 문 앞에는 다음과 같은 푯말이 걸려 있다: 비즈니스 외 입장 불가'[11]

마르크스의 꿈속…

"마이스너 출판사에 직접 초안을 넘겨주기 위해 함부르크로 가는 기차 안에서 마르크스는 잠시 잠이 든다. 그의 꿈속에는 〈자본론〉 제1권을 마무리하는 과정에서 고통과 궁핍에 대한 기억들이 해방감과 뒤섞여 있다. 그 당시 예쁘고 젊은 여자가 같은 열차 칸에 타고 있었다. 그리고 이제 그 여자는 베라의 형상을 하고 있다. 마르크스는 꿈속에서 이 여성에게 자신이 그 당시 누린 것들과 스스로 발견한 학문적 지식을 어떻게든 설명하려고 애쓰고 있다."

✦

베라는 마르크스와 함께 카스바를 걷고 있다. 마르크스는 바쁘게 돌아가는 시장을 보며 자신이 한량처럼 느껴지고 한편 어떤 면에서는 사실 배신자라는 기분이 들었다. 그리고 베라에게 자기 기분을 털어놓았다. 영국 상류충들이 즐겨 찾는 서점에서 마르크스는 노트 몇 권을 산다. 영국 관광객들로 둘러싸여 있는 와중에 진열대 앞에서 베라가 마르크스에게 말을 시킨다.

"슈테판 박사님이 금지령을 내리셨는데도 글 쓰시려고요?"

"이제 글쓰기를 멈춘다는 건 불가능합니다. 베라 씨가 제 런던 서재를 보셔야 하는데. 어쩌면 안 보는 게 나을 수도 있고요. 종이들이 널려있고 반만 쓴 노트도 숱해요. 초안, 메모, 구상안, 깨달은 것들뿐만 아니라 〈자본론〉 다음 편을 위한 자료들도 놓여있지요."

"선생님은 휴식이 필요하세요. 그동안 너무 많은 일을 하셨어요. 심지어 베벨이 쓰는 글들은 다 선생님 것을 표절한 것 같아요."

"베벨이 표절한 게 아니라 그가 한 걸음 더 나아가서 생각을 하는 거예요."

베라가 아양을 떤다.

"그건 사실이에요. 베벨은 여성들의 입장을 잘 대변해

주었으니까요. 데사우에 있는 제 동생은 마르크스 선생님은 여성들에게 좀 인색하다고 썼던데요."

마르크스가 겸연쩍어한다.

"베벨은 노동자 계급 내에서는 유일무이한 사람이에요. 마흔두 살이라 아직 젊죠. 그해 비해 나는 뭐… 할 일은 아직도 많고요."

베라가 마르크스를 뚫어질 듯 쳐다본다.

"선생님 늙었다니요. 안 늙었어요. 일반적으로 신이나 악마들이 바라는 것이 사람들이 자기가 살면서 이루는 것들에 절대 만족하지 않는 거라고 해요."

마르크스는 조금씩 불편하다. 두 사람은 카스바의 혼잡한 군중들 틈을 뚫고 움직인다. 마르크스는 주소가 적힌 편지 한 통을 가방에서 꺼낸다.

"엥겔스에게 편지를 보내야 해요."

"친구 분께 3일 동안 벌써 세 통을 쓰셨어요!"

베라가 마르크스의 팔을 잡아끈다.

"저기 저 화가 좀 보세요."

1881년과 1882년 오귀스트 르누아르Auguste Renoir는 알제리, 이탈리아 그리고 다시 알제리로 떠날 세 번의 긴 여행을 계획했다. 당시 르누아르는 늘 새로운 것을 찾기 시작하던 때였다. 르누아르는 인상주의에서 벗어나 옛 화풍인 고전주의에 관심을 갖기 시작했다. 알제리에서 그린 그림에서 그의 마지막 화풍이 나타나 있다. 알제의 카스바 외곽에 수척하고 수염이 덥수룩한 르누아르가 파라솔 아래 자신의 작은 이젤을 세운다. 빠른 손놀림으로 뻗어있는 계단을 하나 그린다. 마르크스와 베라가 잠시 서서 멈춰 있다. 마르크스와 르누아르가 서로 바라본다. 두 사람 다 서로가 누구인지 모른다.

"너무 멋집니다!" 마르크스가 말을 건넨다.

르누아르는 베라를 바라본다.

"감사합니다, 선생님!"

마르크스는 페르메에게 저녁식사를 초대받았다.

하녀가 수프를 들고 나온다. 판사의 월급으로는 비싼

도시 알제에서 검소하게 살아야 한다. 물론 식탁은 잘 차려져 있고 페르메의 아내와 아이들은 뒤에 서 있다. 여섯 살에서 열 살 되는 딸 둘과 아들 하나가 있다. 마르크스와 페르메는 토론에 빠졌다. 프랑스 노동당의 마르크스주의 강령은 1880년 5월에 쥘 게드Jules Guesde, 폴 라파르그, 마르크스, 엥겔스가 함께 고안했다.

"라파르그는 파리에서 선생님과 엥겔스가 구상한 강령을 거부했습니다. 그렇게 당이 기회주의로 갔죠."

"기회주의, 무정부주의. 도대체 내가 왜 라파르그 같은 녀석을 사위로 데리고 있는 거지? 누가 라파르그가 말하는 것들을 진지하게 받아 주는 거야?"

마르크스가 손가락으로 세어 본다.

"언론의 자유! 최저임금! 남녀 임금 균등화! 자유로운 교육! 노동계급의 자치! 공공 재산(은행, 철도, 광산)이 매각되는 모든 계약 수정! 3천 프랑 이상의 수입에 대한 직접세와 2만 프랑 이상의 유산에 대한 상속세!"

"그리고 일반적인 국민 무장!" 페르메가 이어 받는다.

"어려운 부분이야. 부르주아들은 그걸 '테러리즘'이라고 말할 걸세. 하지만 다음 문장을 적용할 수 있지. '모든 권력은 국민으로부터 나온다.'"

음식이 식탁에 차려지고 모두 먹기 시작한다.

마르크스가 돌아가자 페르메와 부인은 마르크스에 관해 이야기하기 시작한다. 페르메의 친구인 라파르그와 롱게가 자기들 장인인 마르크스에 관해 많은 이야기를 했었기 때문이었다. 특히 돈 문제와 관련해서 마르크스가 〈자본론-정치 경제학 비판〉을 저술할 당시 즐겨 하던 농담이 있었다.

"내가 '돈'에 관련된 책을 쓰고 있을 때 결코 나는 돈이 부족한 상황은 아니라고 생각했었지."

마르크스는 늘 돈이 없었고 빚만 있었다. 가족들이 항상 가난에 고통 받았음에도 불구하고 그는 직장에 단 두 번 지원했을 뿐이었다. 예를 들어 가세가 기울기 시작할 때 그는 엥겔스와 다른 후원자들로부터 150파운드를 받았다. 당시 그 돈이면 중산층에서 빠듯하게 살아갈 수 있는 정도였다. 하지만 마르크스는 그 이상의 것을 누렸다. 그는 비서를 부렸고, 딸들은 피아노를 배우게 했으며 아내는 바다로 휴가를 떠나곤 했다. 그의 주머니는 비어가고 있었지만, 프롤레타리아의 생활방식을 받아들이지는 않았다. 노동자들이 사치라고 바라보는 것들이 마르크스에게는 꼭 필요한 것들이었다.

예를 들면 채소가게에서 돈을 쓰는 일이 마르크스에게는 일상이었지만 노동자들에게는 '굉장히 특별한' 상황에만 가능한 일이었다. 마르크스는 자기 부인이 귀족 출신이라는 것을 매우 자랑스럽게 여겼다. 물론 집안의 귀중품들은 모두 전당포에 맡겨두어야 했지만 말이다.[12]

❧

알제의 자르뎅 데쎄Jardin d'essai는 공공 산책로로 사용되며 때때로 군악대가 오기도 하고, 알제 고유의 식물을 기르고 공급하는 '식물 실험학교'가 열리기도 했다.

나중에는 지역을 대표하는 정원으로 꾸며졌다.[13] 평행으로 놓여있는 현란한 세 갈래의 길은 '야자수 길'에서 끝이 나고 그 길 끝엔 오아시스가 있다. 오아시스 주변에는 72그루의 거대한 야자수가 철길과 호수 앞에 늘어서 있다. 카스텔라즈 부인과 모리스, 베라, 마르크스는 전차를 타고 자르뎅 데쎄로 간다. 사람들은 오고 가며 산책을 한다. 마르크스가 모리스에게 묻는다.

"알제가 인도 다음으로 고대 공동 재산의 흔적이 가장 많이 남아 있다는 걸 알고 있나요?"

"프랑스 정부가 거의 모든 공유지를 프랑스인들의 사유지로 전환했고 나머지 불모지는 광물 자원과 함께 처리되었던 걸로 알고 있습니다."

마르크스가 걷는 속도를 높인다.

"그건 완전히 강탈한 겁니다. 여느 다른 식민지처럼 말이죠."

마르크스의 관심을 끌기 위해 카스텔라즈 부인, 베라와 모리스사이에 소리 없는 힘겨루기가 시작된다. 공원이 무어인 관광객으로 가득하다. 무어인들은 매우 까다로운 편이다. 몇몇은 굉장히 호화롭게 차려입었고 또 다른 사람들은 대충 입고 있기도 했다. 카스텔라즈 부인이 마르크스의 팔짱을 낀다. 마르크스가 무어인들을 손가락으로 가리키며 말한다.

"무어인의 모든 외관상 차이는 절대적 평등을 보여줍니다. 그들의 외모는 사회적 인간관계에 전혀 영향을 미치지 않죠. 부인은 그렇게 생각하지 않으세요?

베라와 모리스가 이 말을 들었다.

"선생님이 꾸시는 꿈은 행운과 불행 같은 우연도 사람들을 차별하지 않아야 한다는 것입니까?"

"꿈이 아니고 학문적인 측면에서의 예측이지요!"

베라도 마르크스의 팔짱을 낀다.

이들은 산책로 끝에 도착해 철길 아래 있는 바다를 바라본다.

"그럼 이런 이상적인 국가에서는 누가 노동을 합니까?"

모리스가 묻는다.

카스텔라즈 부인이 한걸음 물러선다.

"선생님은 귀족적 성향이나 습관이 젖어 있는 것처럼 보여져서 평등한 시대에 대해 여쭤보고 싶은 마음이 일어나질 않습니다.

"저도 그랬으면 합니다. 그런 시대가 올 겁니다. 하지만 그 시대가 왔을 때 우리는 그 자리에 없겠죠."[14]

❧

마르크스는 병이 재발해서 고통스러워했다. 슈테판 박사는 습포제를 가지고 혈액을 침출하는 방식으로 치료를 했다. 마르크스는 객실 침대에 누워 있다. 상의는 붕대로 감겨 있고 완전히 젖어있다.

"정말 홍수가 따로 없었어요. 붕대, 플란넬, 셔츠가 젖었어요."

물집이 터진 결과였다.[15]

콜로디온 칸다리달 때문에 다시 피부에 '물집'이 생

겼다.

"이 물집 때문에 잠은 다 잤네요. 이 망할 물집들."[16]

"그럴 겁니다. 그럴 거예요."

슈테판은 계속해서 마르크스를 치료한다.

"제가 지혜로운 아랍 우화 하나 알려드릴게요. 폭풍우가 몰아치는 강가에 사공이 작은 나룻배를 세웁니다. 철학자 하나가 배에 탑니다. 그리고 다음과 같이 대화를 이어 나갑니다.

철학자 "역사를 알고 계십니까?"

사공 "아니오!"

철학자 "그렇다면 인생의 절반을 잃어버렸네요. 그럼 수학은 배웠나요?"

사공 "아니오!"

철학자 "그럼 또 인생의 절반 이상을 잃어버렸네요."

바람이 세차게 불어 나룻배가 뒤집히고 사공과 철학자

모두 강에 빠졌다. 이제는 사공이 소리친다.

사공　"수영할 수 있으세요?"

철학자　"아니오!"

사공　"그럼 인생 전부를 잃어버리겠네요."[17]

마르크스가 냉소를 지으며 말한다.

"물과 관련된 아주 아름다운 이야기네요!"

"그렇죠. 그래도 기뻐하세요. 늑막염이 완치되었어요. 그런데 이제는 기관지 상태가 조금 걱정이 되네요."

"기관지염은 날씨 탓이겠지요?"

"네. 맞습니다. 유감스럽지만 날씨가 이렇게 계속 안 좋으면, 여기를 떠나 칸이나 니스, 아니면 몬테카를로로 가셔야 합니다. 제가 처방전과 같이 서면으로 자세한 내용을 써 드리겠습니다."

"확실한 내용과 정확하게 측정된 처방전이라. 수영뿐만 아니라 역사학과 수학도 배워야겠군요!"

슈테판이 의사용 가운을 벗고 작별 인사를 한다.

"선생님은 정말 독일사람 같네요."

"박사님은 독일의 아들이 아니었던가요?"

슈테판이 웃는다. 하지만 계단 아래로 갔을 때는 다시 표정이 심각해진다. 마치 프로이센의 공직자처럼.

마르크스와 함께 청소년기를 보낸 사회주의자 중에 샤를 푸리에(Charles Fourier, 1772-1837)만큼 많은 영향을 끼친 사람은 없을 것이다. 하지만 푸리에가 가지고 있던 '에로틱과 사랑이 넘치는 신세계에 대한 환상Phantasmagorie einer neuen Welt der Erotik und des Liebeslebens'(이 표현은 리하르트 프리덴탈Richard Friedenthal이 쓴 것으로 후에 특히 초현실주의자들의 관심을 끌었다)만큼은 마르크스에게 늘 이상하게 다가왔고 거부감이 들었다. 알제에도 푸리에주의자들이 있었다. 대표적인 인물은 페르메의 친구인 게탄 레온 두란도Geatan Leon Durando였다. 그는 식물학 교수로 운동을 좋아하고 '알핀 프랑스어 클럽'의 알제리 대표였다.

네 사람, 마르크스, 베라, 페르메와 두란도가 무어 식노천카페 의자에 앉아있다. 마르크스가 페르메에게 말한다.

"자네 친구 라파르그가 파리에서 또 일을 저질렀네. 〈레갈리떼L'égalité〉지에 푸리에가 공산주의자라고 썼어. 샤를 푸리에가!"

"라파르그가 선생님께 저를 푸리에주의자라고 소개한 만큼 이건 제가 대답해 드려야겠네요. 저는 선생님 사위가 옳았다고 생각합니다. 40년 전이긴 하지만 푸리에가 모든 국가의 권위를 거부하지 않았습니까? 노동 해방뿐만 아니라 감정이나 관계, 사고방식의 해방 또… (잠시 베라를 쳐다본다) 성적 해방을 통해 사회적 조화를 원하지 않았습니까? 그건 뭐…."

"그런 건 뭐 부수적인 것들이지. 중심사상은 아니야.

그런 것들은 무시하거나 부차적으로 둘 수도 있어." 마르크스가 덧붙인다.

베라가 마르크스를 빤히 쳐다본다. 두란도가 웃으며 말을 이어간다.

"그래도 저에게 있어 공산주의의 의미란 개인주의에 있는 각각의 다른 재능이나 정신적 능력, 특히 감정적 관계에 대한 능력이나 매력을 펼치는 것이라고 생각합니다. 그래서 제 나이 때는 공산주의가 옳다고 생각합니다."

베라가 조심스럽게 말한다.

"제가 지금 베벨의 책을 읽고 있는데요, 베벨도 여성 해방운동에 찬성하고 있어요."

두란도가 정색을 하며 이어간다.

"여성 해방운동이라는 단어는 푸리에에게서 나온 말입니다. 푸리에가 쓴 〈사랑이 넘치는 신세계Aus der neuen Liebeswelt〉를 꼭 읽어보세요. 우리가 여성들을 부엌의 냄비 앞에만 머무는 존재로 제한하면 공산주의는 생겨나지 않습니다."

페르메가 한숨을 쉰다.

"공산주의라! 난 항상 푸리에가 너무 모호하게 말한다고 생각했지. 당시에 엥겔스와 내가 〈공산당 선언〉을 집필한 이유가 거기에도 있지."

마르크스의 말이 끝나자 모두가 생각에 잠긴다. 잠시 조용해지고 커피를 마신다.

푸리에의 〈사랑이 넘치는 신세계〉와 관련된 대화의 숨은 의미는 세 딸의 아버지인 마르크스의 역할과 관련되어 있다.

"공공연하게 말하면, 결혼할 나이가 된 딸이 있는 한 아버지는 문명사회에서는 악당이나 다름없습니다. 저는 딸에 대한 아버지의 사랑은 딸이 남자를 유혹하는 기술을 배울 수 없게 만든다고 생각합니다. 딸을 여럿 둔 아버지 중에 얼마나 많은 아버지가 가정에서 지켜야 할 규칙을 만들 필요가 없길 바랄까요? 더는 결혼도 없고 딸들에게 맞는 남자를 찾을 걱정을 할 필요가 없는 그런 규

칙 말이에요."[18]

두란도는 대화 주제를 바꾼다.

"이번에는 푸리에가 파산에 대해 뭐라고 썼는지에 대해 이야기해 드리겠습니다. 도랑트라는 금융인의 파산 이야기인데 이름으로 보아하니 어쩌면 제 조상일지도 모르겠네요. 어쨌든, 푸리에는 이 금융인의 파산에 대해 다음과 같이 적었습니다. '금융인 도랑트는 수중에 200만 프랑을 가지고 있고, 어떤 수단을 써서라도 가능한 한 빨리 그 돈이 400만에서 500만 프랑이 되기를 바란다. 도랑트는 자기가 갖고 있는 200만 프랑을 담보로 800만 프랑을 빌렸고 이렇게 해서 총 1,000만 프랑의 투자비를 확보한다. 도랑트는 수익을 내기 위해 투기, 부동산, 국채 등에 모든 것을 건다. 그는 그 해에 두 배는커녕 자기 돈 200만 프랑을 잃게 된다. 혹자는 그가 돈을 잃어 황폐해졌을 것 이라고 생각하겠지만, 전혀 그렇지 않다. 그는 그가 원했던 대로 400만 프랑을 얻게 될 것이기 때문이다. 그 이유는 즉, 그에게 담보를 받아 빌린 800만 프랑이 아직 남아있었기 때문이다. 하지만 우선 그 절반인 400만 프랑은 갚아야 하는데 그는 가능하면 파산을 빌미로 400만 프랑을 할부로 갚으려 할 것이다(그가 생각할 때 자기 돈 200만 프랑 전부를 잃었으니 파산이라면 파산이다). 어찌됐든 결국 도랑트는 빌린 돈에서 우선 갚지 않아도 될 400만 프랑을 손에 남기는 셈이 되는 것이다. 거래의 자유가 이토록 영리하고 아름다운 것이라니! 독자들은 이제 왜 "도랑트는 파산한 뒤부터 더 잘 지내고 있습니다"라는 말을 듣게 되는지 이해가 가는가? 도랑트는 남은 400만 프랑을 보유한 채 온전히 덕망 있는 사람으로 존경 받으면서 살아간다. 운 좋은 사기꾼이 아닌 불행한 상인으로 말이다.' "[19]

마르크스와 베라는 기차를 타고 동쪽으로 간다. 그곳은 알제-본(Bône) 구간으로 티지우주(Tizi Ouzou, 알제리

북부에 있는 도시)에 있는 팔레스트로 철교와 이어져있다. 공사장이 많고 남루한 노동자들도 많다. 중장비들도 있고 공사 감독을 맡은 감독관들은 말에 타고 있다. 마르크스와 베라가 공사장 근처로 가자 감독관이 말로부터 조금 떨어져 있으라고 한다. 베라는 더 친근하게 팔짱을 낀다. 마르크스가 말에 탄 사람을 가리킨다.

"저기 있는 저 남자 보이죠. 엥겔스가 얼마 전에 알제리 식민지배에서 대해 글을 썼습니다. 그 글은 시사하는 바가 굉장히 커요. 프랑스 정부는 이미 20년 전에, 개인기업에게 이곳의 주요 철도 구간 공사를 시공하는 허가를 내주었죠. 그라펜 브라니키와 금융인인 고띠에르의 독점이었습니다. 정부는 국가지원금 6백만 프랑과 여러 가지 혜택을 주었습니다. 국가와 자본, 또 뭐가 있겠죠!"

"선생님 어제 〈쁘띠 콜론 알제리엔〉지에서 기사 하나를 봤어요. 동부지역으로 가는 새로운 알제리 철도 공사장 환경이 너무 척박해서 인간적이지 못하다는 기사

였어요."

"네. 여기에서 두 가지 요소가 한꺼번에 발생하는 거죠. 자본으로 돌면서 끝없이 발전하는 세계와 처참하게 착취되는 노동력 이렇게 말이죠.

"저도 선생님이 쓰신 〈자본론〉을 이해할 수 있을까요?

"다른 순수학문처럼 그 책을 공부하셔야 할 겁니다. 하지만 모든 순수학문은 누구나 이해할 수 있죠."

두 사람은 공사장 근처 경사진 곳에 앉는다. 마르크스는 베라에게 자기의 이론과 비밀스런 자본주의의 해법을 설명하려고 한다.

마르크스는 감독관을 가리키고 기계가 누구 소유인지에 대해 설명한다. 또한 어떻게 세계가 물질로 가득 찬 유일한 세계가 되었는지에 대해서도 이야기한다.

'임금 노동자가 시장에서 제공할 수 있는 유일한 물품은 노동력이다. 노동자들은 노동력을 팔아야만 생존할 수 있다. 그들에게서 노동력을 사들이는 사람은 자신들이 사들인 것이 얼마나 값진 것인지를 알고 있다. 사람들은 노동력을 가능한 한 싸게 사려고 하고, 동시에 그들의 노동이 임금보다 더 많은 가치를 창출해 낼 수 있다는 것을 잘 알고 있다. 이렇게 노동시장을 조작하고 노동력이라는 상품을 값싸게 사들이려는 사람들은 훗날 엄청난 부자가 된다. 그렇게 해서 미국의 록펠러나 밴더빌트처럼 재벌이 탄생하는 것이다.'

돌아오는 길에 마르크스는 베라에게 자기 생각을 계속해서 이야기한다. 한편으로 마르크스는 베라에게서 느끼는 감정 때문에 혼란스럽고, 다른 한편으로는 자신에 대한 베라의 존경심과 커지는 신뢰감이 그를 우쭐거리게 만든다. 둘은 어색하게 헤어지고 마르크스가 시내로 걸어가는 동안 베라는 마차에 올라탄다.

마르크스는 자기 자신을 확인해 보고 싶어 했고, 그래서 뜬금없는 결정을 내린다. 1882년 4월 28일 오후 4시.

마르크스는 카스바 근처에 있는 E. 뒤테르트르 이발소에
들어선다. 완전히 다른 사람이 되어보고 싶은 마음이 든
다. '변하고 싶다'.

❧

  너무 더웠기 때문에 머리를 자르고 수염을 민 것이지
만 한편으로는 자유로워지려는 아주 평범한 행동이었다.
하지만 사실은 완전히 다른 사람이 되고 싶은 마음에서
변화를 시도한 것이기도 했다. 마르크스의 마지막 사진,
〈가장 아름다운 마르크스의 사진, 마를레네 페스퍼
Marlene Vesper〉에서 마르크스는 평온하고 친근한 모습
으로 남아있다. 완벽하게 달라진 모습은 소위 살아있음
을 방증하는 것이었고 가히 혁명적이었으며 이제까지 그
가 걸어온 행보와는 다른 것이었다. 그 전의 머리와 수염
은 폴 세잔의 작품 〈성 앙투안의 유혹〉에서 착안한 조금
악마다운 것이었다.

빅토리아 팬션으로 돌아왔다. 투숙객 중 한 명인 아르
망 마그나데르씨가 돌연 사망했다. 로잘리 부인, 카스텔
라즈 모자, 클로데 부인, 베라가 식당에 모여 있다. 사망
한 아르망이 실려 나가고, 슈테판 박사도 여기에 있다.
마르크스가 식당으로 들어선다. 식당 안에 있던 사람들
은 마르크스를 한 번 보고는 잘 못 알아본다.

로잘리 부인이 묻는다.

"마르크스 선생님이세요? 슬픈 소식이 있어요. 아르망
씨가 돌아가셨어요."

마르크스가 슈테판 박사에게 묻는다.

"무슨 일이 있었던 겁니까?"

"갑자기 심장이 멎었습니다."

베라는 뒤에서 어리둥절해 하면서 마르크스 모습에 놀
란다. 마르크스도 어색하게 반응한다. 베라가 식당에서
나간다. 마르크스는 갑자기 낯선 사람들과 같이 있는 기

분이 들었다. 이 사람들이 조금 전까지 가족같이 보였는데도 말이다. 마르크스는 기침을 참지 못하고 슈테판 박사를 한쪽으로 당긴다.

"우리끼리만 얘기합시다. 지금 날씨가 덥긴 하지만 시로코(Scirocco, 독일 폭스바겐사의 소형 승용차)가 더 많은 것을 해줄 수 있을 것 같습니다. 제 생각에는 이제 알제를 떠날 때가 된 것 같아요."

"네 알았습니다. 내일 3시에 병원으로 오십시오."

🌿

베라는 신문에 낸 구인광고를 오랫동안 잊고 있었다.'[20] 그러나 지금 그녀는 화려하게 장식된 도리엔트 호텔 입구로 들어서 로비를 지나 테라스 카페로 들어선다. 거기에는 늘 앉아있던 자리에 나이가 든 프뢰벨 박사의 모습이 보인다. 하지만 이번에는 프뢰벨 박사를 따르는 사람들 대신 두 명의 딸과 학교에 가야 할 아이들이 앉아 있다. 멀리서 보기에는 베라가 약간 주저하며 다가가고 있는 듯하다. 그중 한 명은 〈쁘띠 콜론 알제리엔〉을 들고 있고 베라에게 자리를 권한다. 그것은 누가 봐도 면접이었고 긍정적으로 흘러가는 듯 보였다. 보통 그렇듯 악수를 하고 면접을 끝낸다. 그러나 베라가 아이들을 대할 때 특히 즐겁게 보인다거나 그렇지는 않았다.

1882년 4월 말, 알제 항구의 앵커 체인에는 최신형 전함들이 속속 당도했다. 먼저 러시아 장갑 순양함 '피터대제'가 도착했고 며칠 후 '르 콜베르' 기함을 선두로 총 여섯 척의 프랑스 군함이 도착했다.

마르크스는 항구에서 일어나는 모든 것을 하나도 놓치지 않고 관찰하고 있었다. 식민지 정치에 관심이 있는 사람이라면 강대국들의 최신형 군함에도 관심을 가져야 한다. 작은 보트를 이용해 마르크스가 두 명의 안내인을 대동하고 프랑스의 르 콜베르 기함으로 온다. 두 명의 안내인 중 한 명은 장교다. 현문을 통해 선상에 오르는 것이 허용되었다. 선상에서는 멋지고 용감하게 보이는 하사관들이 설치물들을 소개하고 시범도 보여준다.[21] 한 하사관이 힘주어 말한다.

"보시는 바와 같이 저희는 여기에 크란츠 중장님의 지휘를 위해 사령관 전용 천막을 쳐 두었습니다. 함정에는 총 797명의 군인들이 있고 15문의 대포가 설치되어 있습니다. 함정의 총 무게는 1만2천 톤이며 길이는 총 110미터이고 속도는 16노트입니다. 여기가 숙소이고 저기는 식당입니다."

마르크스가 함대의 후미에 있는 다른 군함들을 가리킨다.

"저 배들은 어떤 용도인가요?"

하사관이 대답하기 전에 장교가 대답한다.

"선생님, 이건 정치의 일종입니다. 튀니지에서의 전략에 대해 생각해 보십시오. 선생님은 영국인 아니신가요? 영국 정부가 지금 이집트에 손을 내밀고 있지 않습니까?"

마르크스가 웃는다.

"대위님, 전 영국인은 아닙니다."

배 옆쪽 바다 위에 작은 나룻배가 있고, 커바일 옷을 입고 있는 프로이센 감시인이 계속해서 접근을 시도하고 있다.

❧

마지막 며칠을 아프리카에서 보낼 때 시로코는 정말 열심히 달려 주었다. 하지만 돌풍과 모래바람, 그리고 지금은 예기치 않은 추위로 시로코가 고장 난 상태다.[22]

1882년 5월 2일, 마르크스는 '펠루스'호를 타고 알제 항구를 떠난다. 가족들과 함께 나온 페르메 뿐만 아니라 카스텔라즈 모자와 로잘리 부인, 슈테판 박사가 배웅을 나와 있고, 베라 역시 부두에 서서 손을 흔들고 있다.

제3장

몬테카를로와
카지노 자본주의

1882년 5월 8일. 칸에서 며칠을 보낸 마르크스는 몬테카를로에 들어선다. 이곳에서 한 달간 머물 예정이다. 상류층 한량들과 모험가들의 휴식처인 몬테카를로는 자연경관만큼은 훌륭하지만, 그저 누군가에게서 착취하고 어딘가에서 훔쳐 온 것들을 모아 두는 황폐하고 낡은 곳일 뿐이었다. 호텔들만 봐도 벌써 웅장하다. 남루한 프롤레타리아에 속하는 호텔 벨보이나, 카페 종업원, 하인들을 제외하고는 중산층이나 서민층 계급은 존재하지 않는다.[01]

    머리는 점점 맑아지고 육체는 점점 약해져 가는 상황

에서는 여러 가지 면에서 인간 자체가 혼란스러워진다. 지구상으로부터 이방인이 되는 것이다. 다르게 말하면 몬테카를로의 사치와 향락, 미국 남북전쟁 후의 대호황 시대[02] 모습은 마르크스가 부활할 수 있도록 흔들어 깨운다. 거기에 베라도 그녀의 새로운 고용인과 함께 나타난다.

마르크스는 매일 맞이하는 낯설지만 흥분되는 이곳의 현실 속에서 사교적이며 착한 독일 교수의 가면을 쓰고 지내는 자신의 모습에서 내적 갈등을 겪는다. 마르크스는 가명으로 호텔 루시에 묶고 있다. 그가 여기서 묵고 있다는 정보가 즉시 베를린으로 들어간다. 하지만 비스마르크보다 빅토리아 황태자비에게 먼저 보고가 올라간다.

엄밀한 의미에서 보면 콩다민Condamine은 일반 서민사회일 뿐이지만 몬테카를로는 모나코의 기쁨이다. 국가에서 나오는 기초 보조금과 도박장에 고마워해야 할 따름이다. 특별한 점은 그리말디Grimaldi 가(家)가 몬테카

를로에 진출해 그 가문의 영지가 되었다는 것이다. 예전엔 그리말디 가는 해적이었다.[03]

마르크스가 아프리카에 머문 이후로부터는 세상이 어떻게 돌아가는지 잘 모른다. 정보가 매우 빈약하다. 몬테카를로 카지노에 있는 도서관에는 '모든 프랑스 신문, 이탈리아 신문과 잡지'들이 있었다. 영자신문에 비해 유럽 각국의 신문과 잡지들이 잘 준비되어 있으며 독일 신문도 있었다. 마르크스는 영국 박물관에서 보낸 시간을 떠올리며 한쪽 구석으로 가 빠르게 신문들을 읽어 내려간다. 날짜가 지난 기사 중 1면에는 마르크스가 존경하는 진화론의 창시자 찰스 다윈이 4월 19일에 타계했다는 보도도 있다.

루시호텔 오찬 모임에 나오는 사람들은 다른 일보다 카지노 게임장 룰렛 테이블이나 트랑테카랑트(Trente-et-

Quarante, 붉고 검은 마름모꼴 무늬가 있는 테이블 위에서 하는 카드 게임의 하나로, 유럽의 카지노에서 널리 이용된다.) 테이블에서 일어나는 일에 더 많은 관심을 가지고 있다.[04] 점심식사 중 네 개의 테이블이 마르크스를 둘러싸고 있다. 마르크스는 불쾌해 보인다. 와인 무역상인 피터스보로우씨는 런던에서 왔고, 자칭 프랑스 백작, 러시아인, 그리고 영국인이 있다.

피터스보로우 "러시아 외교부 직원이 처음에는 100 프랑을 땄는데 결국 그 자리에서 6,000 프랑을 잃었답니다."

러시아인 "제 사촌은 집에 돌아올 여비까지도 다 날렸대요."

프랑스인 "그건 아무것도 아닙니다. 프랑스에 있는 어떤 귀족은 가족들 전 재산을 다 날렸다고 하네요."

영국인 "도박하는 사람 중에 강도를 당하는

사람은 적습니다. 강도를 당하는 경우
는 정말 엄청난 부자일 때나 그러겠
지요?."[05]

마르크스는 귀 기울여 듣는다. 독일제국이 세워진 후
1872년을 기점으로 독일 내 모든 도박장은 문을 닫아야
했다. 프랑스와 독일 내에서 성행하던 도박이 주춤한 이
후 특히 모나코 제국에는 행운이었고 몬테카를로 카지노
의 전성기를 이끌어냈다. 저녁마다 마르크스가 앉아 있
는 테이블은 즐거웠다. 손님들은 더 많아졌다. 와인들을
즐겨 마신다. 와인 무역상 피터스보로우는 그 당시 유행
하던 '몬테카를로의 은행을 파산시킨 사나이The Man
that Broke the Bank at Monte Carlo'라는 노래를 흥얼거
린다.

"나는 파리를 떠나 이곳으로 왔지. 햇살이 비추는 남쪽
해변에서. 나는 몬테카를로로 가네. 그저 겨울 집세를 벌

기 위해…"06

　피터스보로우는 술에 취한 상태로 종업원의 도움까지 받으면서 끊임없이 주절거린다.

　"아무것도 하지 않고 오직 가지고 있는 돈만 가지고 어떻게 더 많은 돈을 벌 수 있을까. 임금노동자와 아무런 접촉도 없이 말이다. 룰렛은 런던 주식시장과 비슷하다. 여기 피터스보로우가 칩을 가지고 있고 모두가 그 칩이 진짜 돈이라고 생각한다. 하지만 칩은 가상 자본이다. 그것은 약속이며 희망이다. 돈을 건다. 그리고 관리인을 매수한다. 아니면 몰래 미리 표시해둔 카드를 꺼낸다. '그리고 내가 몬테카를로 은행을 파산시킨다'. 실제 화폐로 도박을 한다면 이렇게까지 아름다운 광경을 연출하지는 못할 것이다. 카지노를 개장하고 관리인을 채용하면 큰 노력 없이도 엄청난 부자가 될 수 있다. 강도나 살인은 종종 발생하겠지만….

　물론 정치와 국가, 정부를 손에 쥐고 있어야겠지. 이것은 모나코 국왕 찰스 3세의 탁월한 정치력 덕분에 보장받을 수 있었다. 나 피터스보로우는 조만간 와인가게를 팔고 금융거래를 모색할 것이다."

모두들 즐겁게 시간을 보내고 있다. 마르크스는 다른 사람들에 비해 이 말을 더 잘 이해했다. 마르크스는 평정심을 유지할 수 없어 종종 중얼거렸다.

"이 치들은 도대체 뭐하는 자들이야. 타락한 부르주아들 같으니라고. 노동계급에서 만들어진 걸 가지고 도박이나 하고 있으면서 자기들이 세상을 지배한다고 생각하는군!"

이 모임이 마르크스는 완벽하게 이해가 가지는 않았다. 이 때부터 마르크스의 메모에 처음으로 '카지노 자본주의'라는 단어가 등장한다.

베라는 알제 독일 영사관 율리우스 프뢰벨 자녀들의 가정교사가 되었다. 프뢰벨의 딸은 남편과 자녀들, 수행원과 함께 몬테카를로에 왔다. 마르크스는 카지노로 가는 길에 베라와 그 일행들을 만난다. 그는 이게 무슨 인연인지 놀랍기만 하다. 베라는 마르크스의 호텔을 몰래 물어본다. 프뢰벨의 사위인 제임스 하이드. 하젠은 시카고 출신의 부유한 미국인으로 몇 년 전에 유럽으로 건너와 배타적인 사교모임을 가지고 있다. 가족들과 자주 여행하는 편은 아니다. 그는 정육 기업의 상속자로, 파리 사립대학에서 예술을 공부했다. 그는 도박에 빠졌있다. 베벨의 저서를 읽는 베라는 그를 무척 싫어할 수밖에 없다.

바로 하인리히 만Heinlich Mann의 소설 〈여신들Göttin〉에 등장하는 이런 대호황 시대는 지성인에 대한 경멸감을 표현하고 있다. 이러한 대호황 시대는 숙명적으로 착취가 만연할 수밖에 없다. 마르크스는 이 시대의 지성인으로 받아들여졌고, 그것은 즉, 지성인에 대한 경멸감이 표현된다는 것을 의미했다. 베라는 이 점이 화가 났다.

마르크스는 호텔에서 나와 평소처럼 산책한다. 근처에 매점이 있고 거기에는 현수막이 걸려있다. 현수막은 인쇄된 것이 아닌 직접 쓴 것으로 소설가의 이니셜이 있다.

현수막에는 '600프랑을 내면 흑백으로 인쇄된 〈학문의 비밀〉을 받을 수 있고, 1,000프랑으로는 룰렛과 트랑테 카랑트로 100만 프랑을 벌 수 있습니다'라고 적혀있었다.[07]

마르크스가 그 현수막의 글이 우습다고 생각하고 있을 때 피터스보로우가 뒤쪽에서 환하게 웃으며 걸어오고 있었다.

"당연히 저건 사기죠."

근처에 있는 카페에는 약간의 사람들이 앉아 작은 칠판에 무언가를 적으면서 계산하고 있다. 피터스보로우는 카페를 가리킨다.

"저기 성 위에 있는 그리말디 가(家) 사람들, 그러니까 저 해적들은 저기 저 사람들이 정신병자처럼 행동하는 것을 보고 즐거워합니다. 하지만 저를 보세요. 저는 시스템이 있습니다. 시스템이란 게 있어요. 하지만 여기는 없죠. 이쪽으로 오시죠. 카지노를 보여드리겠습니다."

피터스보로우는 마르크스를 금전욕의 연옥(Fegefeuer, 로마가톨릭에서 죽은 영혼이 천국에 가기 전 생전에 지은 가벼운 죄들을 씻기 위해 일시적으로 머문다는 중간 단계의 처소)을 통해 도박장으로 향하게 한다. 그곳에는 독일, 러시아, 프랑스, 그리고 영국 등에서 온 부호들이 있다. 단테의 연옥과 같은 곳을 지나면 다양한 카지노 도박장들이 이어져 있고 끝에는 룰렛이 가득한 방이 나온다. 마르크스는 특히 더 다른 세계에서 온 사람이고, 게임의 룰을 전혀 알지 못하는 사람 중 한 사람이다. 그는 체스를 좋아하지만 아주 잘 두지는 못한다. 하지만 룰렛을 파악하려고 애쓴다. 트랑테 카랑트 테이블 중 한 곳에는 마르크스를 안내한 피터스보로우가 게임에 빠져있고, 200프랑을 잃는다. 피터스보로우는 화가 나서 게임을 분석하기 시작한다.

마르스크는 오래전에 주식투자를 한 적이 있다. 물론 엥겔스처럼 많이 하지는 않았다. 뭐 어쨌든….

'놀랍겠지만 나도 주식투자를 한 적이 있단다. 일부는 미국 펀드(국채 증권)였지만 올해는 버섯처럼 세계 곳곳에서 자라난 영국 주식을 샀지. 이런 종류의 주식은 오랜 시간 기다릴 필요가 없지. 하지만 적진의 돈을 빼앗아 오기 위해 어느 정도 위험을 감수해야 한다'[08]라고 계속해서 편지에 써 내려갔다.

마르크스는 지금 무언가를 더 원한다. 마르크스의 원고 초안에는 대형 카지노와 카지노 자본주의를 위한 행동지침도 들어있다. 마르크스와 엥겔스는 수년간 연구해 발전시켜온 거대한 역사의 원동력을 분석한 내용과 역사적 물질주의 이론을 가지고 있어 새로운 방식에 실제 적용해 보는 것이 가능하다. 인간의 노동력이 역사를 이끈다는 것은 의심할 여지가 없는 사실이다. 그러나 새롭게 든 생각은 '자본주의를 통해 변화된 자연, 인구의 급증, 쓸 수 있는 모든 천연자원에 대한 예상치 못한 투자 기회의 수요 증가가 지금까지 만들어낸 것보다 더 많은 이익을 가져올 수 있다는 것'이다. 마르크스는 이러한 '거시적 트렌드'에 대해 연구했다. 이런 모델은 장기적인 트렌드를 목표로 하는 투자자들에게는 엄청난 가치를 지닐 것이다.

마르크스는 이제 실제로 시험을 해보려고 한다. 그는 미국 북부에 있는 철도 회사 주식과 철강 주식이 1882년 5월 중으로 엄청나게 오를 것이라고 예상했다. 엥겔스가 남은 여행을 위해 전신으로 보내준 돈으로 주식을 사 2주 동안에 4,000파운드의 수익을 냈다. 마르크스는 이 모든 사실을 어느 누구에게도 말하지 않고 조용히 즐겼다. 이로써 마르크스의 주머니 사정이 처음으로 나아졌다. 세계가 엄청난 역동성을 가지고 있다는 것을 보여주는 데 있어서 돈보다 더 명확한 것은 없다.[09]

마르크스는 모나코 출신 쿠네만 박사의 진료실에서 정밀검사와 치료를 받는다. 쿠네만 박사는 슈테판 박사처럼 기본적인 것을 중요시 한다. 기관지염은 늑막염과 마찬가지로 위 치료가 기본이 되어야 하고 잘 먹어야 한다.

"'좋은 것'을 마시고 드라이브도 하면서 휴식을 취하고 가능한 생각도 적게 해야 합니다."

박사라는 사람이 프랑스어를 엘자스 지방 독일어와 섞어 말하고 미국 영어도 섞어가면서 말하기도 한다.[10] 그래서 마르크스는 의학적 설명을 전혀 이해할 수 없었다. 여기에 좌익 자유주의자의 속물적인 성향이 추가된다.

"선생님 왼쪽 가슴이 수축되었습니다. 운동만이 유일한 방법입니다. 모나코 국왕 찰스 3세가 제가 생각하는 자유주의 원칙에 발끈하기 전까지 그의 주치의였다는 것을 알고 계시나요? 몸을 잠깐 돌려보세요. 그리고 그 후 제 후임으로 들어온 영국의사가 위독할 때 제가 그를 치료해야 했습니다. 이제 여기에 발포 연고를 바르겠습니다.

제가 1848년에 스트라스부르그 학생이었다는 것을 알고 계시는지요? 그것도 아주 급진적인 학생이었다는 것을요? 이제 다시 옷 입으셔도 됩니다. 하지만 학문은 저에게 모든 것은 천천히 이루어진다고 알려주었습니다. 한순간에 일어나는 일은 없는 것 같습니다. 그리고 해방과 혁명을 원하는 대중들을 교육하는 것이 첫 번째 전제조건입니다. 그렇지 않습니까 선생님? 이제 다 끝났습니다. 선생님은 같은 박사이니까 당연히 치료비를 내지 않으셔도 됩니다."

"존경하는 박사님, 저도 같은 박사이기는 하지만 저는 철학박사입니다. 그러니 돈을 내야겠지요."

쿠네만 박사는 이 사실을 흔쾌히 받아들였다.

베라의 모습에서 베벨의 〈여성론Frau und Sozialismus〉이 보였다. 동시에 그녀가 새로 맞이한 환경에서 대호황 시대에 대한 욕망을 볼 수 있었다. 마르크스는 자신보다 4살 아래인 베벨을 특히 더 아꼈다. 마르크스도 수

십 년간 흐지부지 넘어간 남녀평등에 관련된 문제를 편견 없이 자연스럽게 잘 다루었기 때문이기도 했다.

　호텔 방은 넓었고 큰 침대가 있었으며 조금은 싸구려 느낌이 나게 꾸며져 있었다. 작은 책상과 큰 옷장이 있고 높게 창문이 나 있었다. 창문은 바다 쪽이 아닌 거리 쪽으로 나 있었고 건너편 다른 호텔을 볼 수 있다. 오후 2시. 마르크스는 자기가 쓴 메모를 두고 책상 앞에 앉아 있다. 누군가 문을 두드린다. 베라가 수줍어하며 문을 연다.

"아! 베라!"

베라는 거리낌 없이 침대에 앉는다.

"한 번 해 보려고요. 제 고용주 보셨죠."

"그 부자들!"

"네. 정말 부자예요. 제가 시간이 없어요."

"베라, 내가 지금 상태가 좀 안 좋아요."

"아니 그렇지 않은 것 같은데요. 선생님 정말 좋아 보이세요."

마르크스는 의자를 당겨 앉는다.

"우리 이렇게 해요. 어떻게 지냈는지 우선 이야기하죠."

"선생님이 갑자기 떠나시기 전에 프뢰벨 가의 가정교사로 고용됐어요. 제가 모시는 부인이 프뢰벨 씨의 큰 딸이고요."

"아 그 매번 나서는 사람."

"부인 남편은 시카고 정육 기업의 상속자래요. 그런데 그 사람은 자신을 예술가라고 생각하죠. 뮌헨에서 초상화를 전공했대요. 이 사람들은 아이들과 파리, 뮌헨에도 있다가 베네치아에도 있다가 그래요. 저는 아이들을 돌보고 공부를 봐주기도 해요."

"즐겁지 않은가요?"

"이제 두 달째인걸요. 재미는 있어요. 동시에 엄청나게 지루하기도 하고요. 선생님은 이들이 어떻게 시간을 보내는지 상상도 못 하실 거예요."

"뭐 저도 충분히 알 것 같습니다. 하지만 제가 조언을 하나 해드리자면, 예술을 감상하려면 당연히 예술가들과 어울려야죠. 행동도 조금 다르게 해야 해요. 발칸반도에는 그림처럼 아름다운 혁명가들이 있어요. 그 혁명가들은 기꺼이 사교모임에도 끼어들지요."

"네. 부인 남편인 제임스는 가족들이랑 같이 있지도 않아요. 매일 예술가들을 만난다고는 하는데 제가 생각하기에는 도박에 빠져있어서…."

베라는 조금 저돌적으로 매트리스 위를 탁 친다.

"그럼 베라 양은 무얼 하며 시간을 보내시나요?"

"아이들 말고는 휴식? 부인은 종종 제가 속한 사회를 열망하고 있어요. 그리고 제가 아시다시피 베벨의 책을 자주 읽잖아요. 저는 점점 더 사회주의에 빠지고 있는 것 같아요. 그리고 지금은 좀 과하다 싶지만 다윈의 서적을 읽고 있어요."

"다윈은 며칠 전에 세상을 떠났죠."

"세상에! 보세요, 우리는 신문을 잘 보지 않아요. 우리 여성들을 이해하기 위해서는 진화론을 알아야 하는데…."

베라가 계속 이야기한다.

"제가 부인에게 베벨에 대해 이야기할 때나 인류의 역사에 관해 이야기하면 마치 홀린 듯 듣고 계세요. 하지만 '우리하고는 좀 다르네요. 미국은 조금 다르지요. 오래된 역사는 이미 막을 내렸고…'라고 얘기해요."

"그렇죠, 거긴 좀 그렇죠."

"그녀는 '미국 여성들은 사회적으로나 경제적으로 완전히 독립적이고 더는 지배 권력의 전유물도 아니고 착취당하지도 않는다. 미국 여성은 자유롭고 남녀가 평등하며 여성도 자기 능력에 따라 살아간다'라고 말해요."

"베벨의 책에도 그렇게 쓰여 있죠. 다른 점은 베벨이 말하는 사회는 미래 사회주의 사회를 지칭하는 거예요."

"네, 맞아요. 그런데 미국 가정의 실상은 완전히 달라 보여요. 더 명확하게 말하자면, 남자는 바람을 피우고 여자는 바람을 피우지 않아요. 제가 부인에게 베벨의 책 내용처럼 여자도 남자처럼 사랑을 자유롭게 선택해야 하고 사랑을 선택하는 데 있어서 그 누구의 방해도 받지 않아야 한다고 얘기하면 부인은 더는 듣지 않고 대화를 중단해버려요."

"맞아요. 조금 급한 성격의 베벨이라 때때로 과한 부분이 있긴 있죠."

"왜요? 욕망을 해소하는 것이 남에게 해를 입히지 않는다는 전제하에 그저 원하는 대로 살아야 하는 것 아닌가요? 제가 외우고 있는 대목이 있어요. '성적 욕망의 해소는 각각 개인의 몫이며 그것은 본능의 해소와 같은 것이다. 그 누구도 변명할 필요가 없으며, 어떤 사람도 주제넘게 참견할 수 없다' 라는 대목이죠."[11]

당혹스런 침묵이 흐른다. 마르크스는 창문을 향해 걸어가 산책길이 보이는 쪽을 바라본다. 부인 예니의 모습이 떠오른다. 1855년에 자기 아들을 낳았던 렌헨과 카롤린 쉘러와의 삼각관계, 보헤미아의 그녀, 사이가 틀어진 막내딸 엘레아노르, 병들어 만신창이가 된 내 육신… 이 모든 것들이 주마등처럼 스쳐 지나간다.

베라는 용기를 내어 자리에서 일어난다.

"선생님, 지금 무슨 생각을 하시는지 알아요. 데사우에 있는 동생이 쿠겔만Kugelmann의 여동생 프란치스카와 잘 아는 사이예요. 그녀가 저에게 이중생활에 대해 자세히 써 보내줬어요."

마르크스가 돌아선다.

"조용히 하세요. 도대체 지금 무슨 말을 하는 거예요!"

"미안해요. 이미 예상은 했어요. 추방당했다는 사실이 선생님 삶을 더 황폐하게 만드는 데 또 한몫을 했겠죠."

베라는 옷을 정리하며 마르크스에게 다가선다.

"뭐예요?"

둘은 서로 마주 보고 서 있고… 아무 말도 하지 않는다.

제임스를 주축으로 한 무리가 여러 대의 마차에서 내려 서둘러 카지노로 들어간다. 저녁 산책을 하고 있던 마르크스는 베라도 잠시 볼 수 있겠다고 생각했다. 폭풍우가 몰아치기 시작했다. 고급 요트들이 항구로 피신 중이다. 해변에는 마르크스 뿐이고 마르크스의 말을 들어줄 사람은 아무도 없다. 마르크스는 수년 전 〈자본론〉 제1권 각주에 인용했던 문장을 비장한 목소리로 내뱉는다.

"자연이 고갈되어 지는 것을 두려워하듯이, 자본은 수익이 나지 않거나, 아주 작은 수익이 나는 것을 두려워한다. 자본은 그에 상응하는 수익이 나야 비로소 그 가치가 있다. 10퍼센트의 수익이 나면 어디든 투자할 수 있다. 20퍼센트의 수익이 나면 자본이 활성화되고, 50퍼센트의 수익이 나면 점점 대범해지며, 100퍼센트의 수익은 모든 법을 망가뜨린다. 300퍼센트의 수익은 자본을 위험에 빠뜨리는 범죄가 끊이질 않게 만들고 스스로 제 목을 조인다."[12]

금융시스템이 추락할 지경이 되면, 시장의 보이지 않는 손이 애당초 존재하지 않기 때문에 보이지 않는 손을 인정하지 않았던 사람들은 그들의 믿음이 옳았다고 생각한다. 그러면 일은 속수무책으로 커진다. 어제는 금융계 엘리트들이 국가를 카지노 자본주의의 도우미 정도로 취급했다면, 오늘은 기어들어가는 목소리로 국가가 책임을 져달라고 도움을 요청한다.[13]

새로운 것이라면 모든 것을 주의 깊게 보는 마르크스의 정신에서는 모나코인 같은 광기가 보이며 자신의 관점을 완성할 수 있을 것처럼 보였다. 하지만 그곳엔 아무도 없고 누구도 관심을 두지 않는다. '도박장'이 황금만능주의의 토대인가? 부르주아와 프롤레타리아 모두 카지노에서 돈을 따기 위해 투쟁을 벌이는가? 정치와 국가, 정부의 토대가 도박이 아닐까? 모나코뿐만 아니라 전 세계적으로? 정말 카지노 자본주의에만 관련된 것인가?

마르크스의 호텔 방 침대 위, 바닥, 테이블과 의자 위 등 여기저기에 이제 막 완성된 원고 철에서 흘러나온 종이들이 가득하다. 벽에도 붙어 있다. 마르크스는 그 사이사이를 돌아다닌다. 옷장 문에 붙여 둔 빈 종이에 '투자

를 통해 투자를 잠식시키는 법'이라 표제를 쓰고 명심해
야 할 점을 나열한다.

거시경제 추세: 거시 지표 투자형 펀드는 글로벌 거시
경제 상황을 예측하고, 보통 수익을 발생시키기 위해 모
든 시장과 수단을 이용하려 한다.
- 재량적 거시: 투자 운용자가 재량껏 선택한 방식으
  로 거래가 이루어진다.
- 체계적 거시: 기초 프로그래밍 외에는 그 어떤 인간
  의 개입 없이 수학적 모델이나 컴퓨터에 의해 거래가
  이루어진다. (찰스 배비지Chharles Babage가 만든 분석
  기계와 홀러리스Hollerith 참조)
- 선물품목 운용 전략(CTA, 선물 전용 펀드, 거래): 펀드는
  앞으로 또는 선택적으로 상품시장에서 거래된다.
- 체계적 분산: 펀드가 다양한 시장에서 거래된다.
- 체계적 통화: 기금이 통화시장에서 거래된다.
- 추세 추종형: 중장기적인 추세나 단기적인 추세 등

추세 속에서 투자행위를 한다.

- 비추세 추종형(역추세): 추세에 따르지 않고 하락 추세의 끝에서 투자행위를 한다.

- 다중 전략: 전략을 섞어서 이용한다.

너덜너덜한 원고 철에 대문자로 '히스톨라붐HISTO-LA-BIUM'이라 적고 그 아래 읽을 수 없을 정도의 작은 글씨로 '역사를 측도할 도구'라고 적는다. 그러고 나서 잠시 히죽거리더니 '측도'라는 단어를 '분배'라는 단어로 바꾼다.

'나는 완전한 원고 판이 내 눈앞에 놓이기 전에 어떤 것을 보내야 할지 결정할 수가 없다. 어쨌든 그들이 가진 단점이 내 글의 장점이다. 내 글은 기교의 집합체이고 오로지 내 방식으로만 완성할 수 있으며 완벽한 버전이 내 눈앞에 놓이기 전에 절대 출간하지 않을 것이다'라고 적는다.[14]

1882년 6월 초, 마르크스는 모나코를 떠나 가족들을 만나기 위해 파리로 간다. 이때 아르장퇴유Argenteuil에서 머물렀던 몇 주간이 그가 가족과 보낸 마지막 시간이었다. 제니와 라우라, 사위들, 손자들, 이따금 막내딸 엘레아노르도 함께 있었다. 엘레아노르는 아픈 제니를 돌보기 위해 런던에서 왔다. 하지만 엘레아노르 역시 아버지가 리사가레이와의 교제를 반대해 정신적으로나 육체적으로나 힘든 나날을 보내고 있다.

파리 리옹 역에서 제니와 손자들이 마르크스를 기다리고 있다. 라우라와 라파르그, 엘레아노르는 없다. 손자들, 특히 조니가 큰소리로 외친다. 마르크스는 오랜만에 별명을 듣는다.

"모어! 수염 어디 갔어요?"

제니는 3개월 전보다 더 수척해 보인다. 배가 눈에 띄게 불러 있다. 롱게와 짐꾼이 짐을 받아든다.

마르크스가 제니에게 말한다.

"우리 딸, 어떻게 지냈니? 나와 줘 고맙구나. 당분간 가족들과 지내고 싶다."[15]

그리고 손자들에게 말한다.

"헬리오스(Helios, 그리스 신화의 태양신)가 내 수염을 가져갔단다. 헬리오스가 누군지 알지?"

롱게의 집에 들어와 마르크스는 다리를 쭉 뻗는다.

"가족과 보내는 일상, 아이들 뛰어노는 소리. 이 작은 세계가 나에게는 휴식이야. 넓은 세계보다 훨씬 더 흥미로워!"[16]

하지만 마르크스가 이것이 잘못된 판단이었다고 깨닫게 되는 데는 그렇게 많은 시간이 걸리지 않았다. 몇 주가 지나면서 제니와 라우라, 사위들, 손자들, 때로는 엘레아노르와… 조용할 날이 없다. 자매들은 자매들끼리, 롱게는 부인 아니면 마르크스와 끊임없이 부딪힌다. 마르크스는 근처에 있는 온천에서 계속 치료를 받는다. 오목

거울에 모든 상이 모여 있듯 하루에도 많은 일이 일어난다. 마르크스는 가족들과 지내는 데 얼마나 많은 어려움이 있는지를 보여주는 하루의 일과를 엥겔스에게 보내는 편지에 고스란히 묘사한다.[17] 이 가정에 지옥이 머지 않았다.

마르크스에게 해방운동 이론이라는 것이 남아있었다. 멋지기만 한 이론이었지 실용성은 없었다. 그래서 마르크스는 좌절했고 더 황폐해졌다. 추방은 마르크스와 제니 모두의 삶을 더욱 더 황폐하게 만들었지만, 그런데도 마르크스는 사는 동안에 늘 당당했다. 한 번도 고통을 호소한 적이 없으며 엥겔스 앞에서 '심지 곧은 가장'으로 곧잘 거드름을 피우곤 했다.[18]

마르크스는 7시 30분에 일어나 샤워하고 옷을 입는다. 그리고 모닝커피를 마신다.[19] 이 시간에 각종 연고를 바르고 다른 약을 투여하기도 하며 운동도 한다. 8시 30분에 앙기앵(Enghien, 프랑스 외곽 도시)으로 출발하여 정오가 되면 돌아온다.[20] 이날은 라우라도 함께 간다. 마르크스와 함께 나가기 위해 준비를 마친다. 조금 전 마르크스가 라우라에게 제네바 호숫가에 있는 브베(Vevey, 스위스 남부에 있는 마을)에서 요양을 하며 지낼 것이라고 말해 라우라는 화가 난 상태다.

"그런 표정 짓지 마라. 너도 연습해야지. 브베로 가는 여행은 나 혼자선 못해. 넌 오늘 아침에도 앙기앵에서 카페에만 앉아 있기만 하면 되었잖니. 그게 유황온천에서 땀 흘리고 앉아있는 나보다 훨씬 나을 거다."

"그럼 아침은 아르장퇴유에서 가족들과 함께 해요."[21]

'가족과 함께'가 의미하는 것은 라우라만 포함된 것이 아니고 이별의 고통에도 런던에서 온 엘레아노르도 포함된 것이었으리라.

라우라가 엘레아노르에게 톡 쏘듯 말한다.

"네가 다시 우리랑 식사해서 다행이다. 이룰 수 없는 사랑은 완전 잊은 거니?"

"리사가레이는 이룰 수 없는 사랑이 아니야!"

마르크스는 엘레아노르를 날카롭게 바라보면서 안 된다는 손짓을 한다.

2시에서 4시 사이는 휴식을 취한다.[22] 마르크스는 옷을 입고 침대에 누워 가계부에 숫자를 적는다. 마르크스 가슴 위에 쪽지들이 흩어져 있다. 그 쪽지들 사이에 엥겔스가 서명한 1,200프랑의 수표도 있다. 마르크스는 주식 투자에서 수익을 내 문제없이 엥겔스의 지원금을 갚을 수 있는 상황이 되었다. 마르크스는 히죽 웃으며 곧 엥겔스의 수표와 함께 흩어져 있는 짧은 쪽지들을 바라본다.

그러고 나서 산책을 하고 아이들과 함께 어울린다. 보고 듣고 생각도 하는 것이 헤겔의 '현상학'보다 훨씬 더 기본적인 것이다.[23]

마르크스가 제일 아끼는 6살짜리 손자 조니는 큰소리를 외치며 돌아다니는 것을 특히나 더 잘한다. 8시에 저녁을 먹고 하루가 이렇게 끝난다.[24]

오늘 저녁에는 사위 둘 다 자리를 함께한다.

라우라가 형부인 롱게에게 비꼬듯 말한다.

"오늘 저녁 같이 하니 참 좋네요."

제니가 이어 말한다.

"아니면 점심까지 침대에 누워 있다가 오후 5시에 다시 파리에 있겠지."

"그런 소리 하지 마. 나는 그저 조니가 엘레아노르랑 같이 런던에 가는 게 싫을 뿐이야." 롱게가 볼멘소리로 답한다.

"이보게, 이 장난꾸러기 조니가 읽고 쓰는 것을 또 까먹었어. 그리고 재미가 없으니 아이가 자꾸 버릇이 없어지는 거야."

"할아버지!" 조니가 윽박지른다.

엘레아노르가 롱게에게 말한다.

"지금 이 상황에서 이게 언니한테 얼마나 짐을 덜어주는 일인지 아세요. 형부! 언니 생각은 하나도 안 하시죠. 저야 물론 당연한 마음으로 조니를 런던에 데려가는 거예요. 조니도 좋아하고요. 그렇지, 조니?"

조니는 고개를 열심히 끄덕인다.

"2주 동안 바닷가에 있을 거예요."

마르크스가 말한다.

"엘레아노르가 조니를 잘 돌봐줄 거야"

라파르그가 웃으며 끼어든다.

"그럼 나도 며칠은 런던에 있어야겠네. 처제랑 조니 살펴봐야지."

롱게가 식구들을 차례로 둘러보며 말한다.

"모두들 예민해졌네요. 벌써 10시에요."

마르크스가 일어난다.

"오늘은 편지 쓸 시간도 없군. 잘들 자거라."

마르크스의 꿈속…

마르크스의 서재가 마치 불가사의한 장소처럼 보인다.

특정 용구들, 책 표지, 그림, 라이프니츠(Leibniz, 독일의 철학자)집에서 나온 벽지 조각들이 마구 펼쳐지고 있다. 완성됐지만 오랫동안 묵혀있던 원고뭉치가 꿈속에서 마르크스에게 돌진한다. 그 원고는 〈자본론〉 제2권과 제3권 중에서 엥겔스와 가장 공을 들여 집필한 부분이었다. 그 다음은 제4권에서 계획한 부분이었다. 마침내 모든 것들이 수학공식과 경제지표로 연결되며 그것들은 커다란 소용돌이가 되어 마르크스를 쓸어버릴 것처럼 위협한다.

손님이 와서 잠에서 깼다. 아르장퇴유의 마지막 날 롱게는 늦은 아침 식사에 〈자본론〉을 프랑스어로 번역한 요셉 로이를 초대하기로 했다. 요셉 로이는 오래전부터 마르크스를 만나려고 애썼다.

'차가운 북동풍이 불었다. 로이랑 정원에서 대화를 나누면서 감기에 걸렸다. 롱게에게 고마워야 하겠군!'[25]이라고 적었다.

마르크스는 〈자본론〉 프랑스어 판을 손에 들고 있다. 마르크스는 코를 푼다.

"집안으로 다시 들어갈까요?"

마르크스는 가벼운 코트를 여미며 말한다.

"조금만 있다가. 로이, 내가 말해줄 게 하나 있네. 몬테 카를로에 있으면서 확실하게 느낀 게 하나 있어. 모든 은행은 잠재적인 도박장이고 이것이 정치와 국가, 정부 3개 금융의 근본을 나타낸다는 거지. 이 부분이 꼭 프랑스어 판 서문에 들어있어야 하네. 판을 새로 찍어야 하는가?"

❧

마르크스는 8월 말에서 9월 말까지 지낼 요량으로 툴툴거리는 라우라와 제네바 호숫가에 있는 브베로 요양을 떠난다.[26] 보트를 여러 번 갈아타는 동안 마르크스는 라우라와 〈자본론〉에 관련된 토론을 벌인다. 훗날 라우라

는 이 대화에서 나온 내용을 바탕으로 초안을 작성하고
자 엥겔스와 논쟁을 벌이게 된다.

한 청년이 조종하는 작은 보트는 산을 마주하고 물살
을 헤친다. 그 보트에서 마르크스는 몇 가지 생각을 요약
한다.

"노동력은 작업장에서 수익을 창출한다. 그래서 사람
들은 수익을 창출하기 위해 노동력을 사들이지만, 이렇
게 '노동력 구매'만 따라하는 것이 전부가 아니다. 또, 전
세계적으로 퍼져있는 자본 활동이나 이자나 주식시장,
부동산의 자본화에만 관련된 것도 아니다. 지구의 지하
자원뿐만 아니라 모든 자연이나 물 등을 자본으로 간주
한다고 하면, 결국 그 모든 것 뒤에는 이를 조종하는 인
간이 서 있다. 그렇다. 이것은 오히려 계급과 관련된 일
이며 신지식인에 관련된 일이다. 이런 계급과 신지식인
에 관해서는 이제까지 기록이 너무 적게 남아있다. 알제,
그리고 특히 몬테카를로가 시발점이 되었다. 공동의 이

익을 어떻게 이성적으로 생각하고, 무한한 욕심에 대해
어떻게 투쟁해야 할지 생각하기 위해서는 돈을 딴 사람,
일명 '승자'가 되어봐야 한다."

라우라는 자세하게 받아 적는다. 마르크스는 그녀와
더 이상 히스톨라븀에 대해 이야기하지 않았다.

제4장

다시 런던으로, 그리고 그 후

1882년 9월 말. 그 당시 런던은 500만 명이 거주하는 대도시였다. 현대적 역동성이 물씬 풍기고 있었다. 마르크스는 런던으로 돌아왔다. 날씨는 춥고 안개가 자욱했지만, 제국의 중심 런던은 알제의 소박함이나, 몬테카를로, 아르장퇴유, 브베, 심지어 파리와도 전혀 다른 방식으로 움직이고 있었다.

마르크스는 브라이턴Brighton역에서 마차에 올라탄다. 마르크스의 모습은 변했지만, 얼굴은 변하지 않았다. 주위를 둘러본다. "내가 지금 여기서 뭘 하는 거지?"

마차는 홀본 비아덕트Holborn Viaduct를 지나고 있다.

1월에 에디슨이 발명한 전구들 3천 개가 거리에 장식되어 있고, 그사이 새롭게 높은 건물이 들어섰고 새로운 교통의 중심지가 되어가고 있다. 모든 것이 새롭게 변한 런던은 머리를 짧게 자르고 까칠까칠한 수염을 가진 이 나이 든 마르크스를 정복하고, 마치 그가 사회적 관계에서만 의미 있는 사람이라고 말하는 것 같았다.

마르크스의 집 앞에는 엘레아노르와 조니, 렌헨, 엥겔스가 서 있다. 렌헨과 엥겔스는 조니가 이전에 마르크스가 수염을 잘랐다고 말했는데도 눈에 띄게 수척해진 탓에 마르크스를 보고도 헷갈렸다. 마르크스는 집으로 들어가 예전 그대로인 서재로 간다. 여행 가방에서 메모해 둔 것들을 꺼내 책상에 올려두고 마지막에 '비밀스러운 종이가 가득 든 메모철'을 책상 위에 올려둔다. 조니가 마르크스 옷자락을 붙잡고 기하학적인 표시들을 보며 묻는다.

"할아버지, 저게 뭐예요?"

"아, 그건 할아버지 장난감이란다."

엥겔스는 1870년부터 리젠츠 파크 로드Regent's Park Road 20번지에 산다. 엥겔스 집은 마르크스 집에서 걸어 몇 분 안 되는 거리에 있다. 마르크스는 그 집에서 1875년부터 살기 시작했다. 마르크스의 서재는 이 집의 중심이며 서재에서는 마르크스가 연구한 결과물이나 연구 방식에 대한 정보를 볼 수 있다. 마르크스가 꿈에서 이미 본 것처럼 방을 둘러보고 있다. 마르크스는 이 방을 다시 되찾으려 한다.

❧

마르크스는 런던에서 몇 주 정도만 머물 것이다. 아르장퇴유와 브베에서 마르크스의 건강이 조금 나아졌다. 하지만 런던의 안개 때문인지 기관지염이 다시 도졌다. 마르크스는 엥겔스의 조언을 따라 해양성 기후 지역인 아일 오브 와이트의 벤트너로 떠난다. 이곳에서는 몇 시간이고 돌아다니며 산과 바다 공기를 동시에 즐길 수

있다.[01]

마르크스가 내놓는 것들은 생애 마지막 시간에 연구한 자연과학이나 수학적 연구에 관한 것들이었다. 마르크스가 남긴 노트에는 엄청난 양의 생리학, 지리학, 광물학, 화학에 대한 발췌들을 찾아볼 수 있다. 이 발췌들은 1870년 이후의 것들이었다. 마르크스는 그 당시 신 자연과학 사상을 지니고 있었고, 그 지식을 새로운 사회적 학문과 접목시키려 했다.

엘레아노르가 조니를 데리고 며칠간 합류하기 위해 벤트너로 왔다. 조니는 이제 막 알파벳을 떼고 간단한 덧셈과 뺄셈을 배웠다. 해안을 따라 산책하는 길에 마르크스가 조니에게 미분의 아름다움에 대해 가르치려고 한다.

"조니, 우선 아이작 뉴턴Isaac Newton과 고트프리드 빌헬름 라이프니츠Gottfried Wilhelm Leibniz 이 두 사람의 이름을 기억해 두렴. 네가 여기서 보는 모든 것들, 그러니까 파도나 지붕 꼭대기나 갈매기가 날아다니는 것, 이 모든 것에 숫자와 숫자들의 관계가 숨어 있단다. 네가 2

더하기 2를 말할 때처럼 말이야."

"4요, 할아버지."

"그렇지, 그렇지. 하지만 숫자에는 배울 것들이 훨씬 많단다. 그러면 혼자서 파동도 만들고 지붕꼭대기도 짓고 언젠가는 한 번쯤 날 수도 있을 거야….

아이작 뉴턴이랑 고트프리드 벨헬름 라이프니츠…그리고 달렝베르d'Alembert랑 오일러Euler, 라그랑주 Lagrange…."

마르크스가 일어난다.

"자, 앞으로 뛰어가자! 그래야 더 많은 공기를 마실 수 있지."

할아버지와 손자가 벤트너 부두에 앉는다. 저 멀리 육지가 보인다.

"저 멀리 바이에른에 있는 뮌헨에는 전기에 대한 전시가 열리고 있단다. 전기가 뭔지 아니?"

"번개요. 아빠한테서 배웠어요."

"그렇지. 번개는 에너지야. 이 에너지로 사람들은 기계를 조종하고 바퀴도 돌아가게 만들 수 있단다. 뮌헨 전기 에너지 전시회에서 이 에너지가 어떻게 수십 마일을 이 동할 수 있는지 볼 수 있고. 이 에너지는 전선으로도 보 낼 수 있단다. 저 위에 있는 전선 같은 거로."

조니는 집중해서 듣지 않는다.

"할아버지, 갈매기는 날개를 안 움직이는데 어떻게 날 수 있어요? 뉴턴은 알고 있나요?"

며칠 뒤. 육지에서 보트가 왔다.

"이모가 널 데리러 왔어."

"이모가 왜 저렇게 이상하게 쳐다봐요?"

1883년 1월 11일. 마르크스의 딸 제니가 38세의 나이로 아르장퇴유에서 암으로 세상을 떠났다. 엘레아노르는 이 렇게 적었다.

'나는 아버지에게 사형선고를 내리는 것과 같은 기분 이 들었다. 어떻게 이 소식을 전해 드려야 할지 머릿속 이 캄캄했고 아버지를 만나러 가는 길이 내내 고통스러

웠다. 하지만 말도 꺼내기 전에 아버지가 단번에 알아 챘다.'

"제니가 죽었구나!"[02]

마르크스도 자기도 곧 죽을 거라는 걸 알고 있다. 이 같은 상황은 마르크스를 더 가혹하게 만든다. 자연과 인류의 역사에 몰두하던 학자로서, 그리고 주식시장을 지배하고 싶어 했던 학자로서 뜻밖의 문제에 봉착했다. 자기 자신을 이 과정 속에 던져두는 것과 무한함 속에서 자신의 유한함을 깨닫는 것이었다.

'영원한 것은 원자뿐이다.'

이 말은 마르크스가 젊었을 때 했던 말이다. 삶을 체념하고, 브랜디를 마시면서 남아있는 시간 아무것도 하지 않는다. 하지만 또 마지막 남은 몇 시간에는 무언가를 해야 한다는 것이 마르크스를 억누르고 있는 상황을 여실히 보여준다.

며칠 뒤 엘레아노르가 다시 마르크스를 방문했을 때는 그는 술을 마신 상태였다. 마르크스는 엘레아노르와 오랜만에 단둘이 있게 되었다. 리사가레이 일로 부녀는 한 동안 거리를 두어왔다.

마르크스는 그녀에게 전체적인 맥락과 총체성에 관해 설명하려 한다. 마르크스는 단편적인 이야기들을 중얼거리고 엘레아노르는 계속해서 말을 끊는다. 40년 후 게오르크 루카치Georg Lukác가 이 미완성된 이야기를 적절한 표현으로 완성했다.

"우리가 사는 세계는 엄청나게 거대해졌다. 그리고 구석구석에 축복과 함께 위험도 도사리고 있다. 하지만 이런 풍족함은 우리 삶이 지고 있는 긍정적인 감각을 불러일으킨다. 그것이 바로 총체성이다. 총체성은 각각의 개별현상의 출발점으로서 닫히지 않은 것을 마무리 지을 수 있다는 것을 의미한다. 어떤 상황도 발생할 수 있으므로 완성될 수도 있고, 예외도 없고 외부도 존재하지 않기 때문이다. 또한, 모든 것은 완전하게 성숙하고 서로 연결되어 있기 때문이다. 존재의 총체성은 모든 것이 동등한 곳에서만 가능하며 형태는 강요받지 않는다. 형태는 껍

데기에 불과하다. 학문이 미덕인 곳과 미덕이 행운이며 아름다움이 세계의 의미를 가시화하는 곳에서만 존재의 총체성이 가능하다."[03]

"아, 그리스 철학자의 세계란…."

엘레아노르는 마지막으로 한마디를 던진다.

"하지만 아버지! 그리스 철학자들의 세상은 데모크리 토스Demokrit의 세상이잖아요. 실존하는 것을 연구하는 회의주의자와 경험론자들이고요."

"거지들이 죽을 때는 혜성이 전혀 보이지 않지. 하늘은 왕들이 죽을 때만 반짝인단다."(셰익스피어의 〈율리우스 카 이사르Julius Ceasar〉에 나오는 대사)

❧

마르크스와 엥겔스, 렌헨은 마르크스에게 얼마 남지 않은 날들을 함께 보내고 있었다. 60세의 여자, 63세의 남자와 65세의 남자가 여러 가지 관점에서 공동으로 살아왔다. 예를 든다면 렌헨이 1851년 아들을 낳았을 때 엥겔스는 공식적으로 아이의 아버지를 자청했다. 1992년에 발견된 스탈린기금에서 나온 프레더릭과 렌헨의 관계 서류에는 프레더릭이 렌헨과 마르크스 사이의 혼외 아들이라는 증거를 확인할 수 있었다.[04]

마지막 6주는 무척 빠르게 지나갔다. 후두염, 기관지염, 폐에 생긴 궤양, 위장장애, 매일매일 이루어진 투약. 마르크스는 대부분의 시간을 서재에 있는 소파 위에 누워 지냈다. 렌헨은 집에서, 근처에 사는 엥겔스는 매일 마르크스를 방문하면서 일을 마무리 짓는다. 두 사람은 함께 걱정을 많이 하기도 하고, 둘 사이에 갈등이 불거지기도 했다.

엘레아노르도 근처에 살지만 조니를 돌봐야 해서 할 일이 많다. 렌헨은 집에 '독재자'를 두고 있다. 하지만 렌헨에게는 마르크스가 더 이상 독재자도, 위대한 사람도 아니다. 그녀 앞에서 마르크스는 당당할 수가 없다. 렌헨은 마르크스를 너무 잘 알고 있고, 그를 마음대로 조종하려 한다.[05] 이 점이 엥겔스를 화나게 만든다. '그가 누구인가?' 가슴이 답답해 온다.

엥겔스는 〈자본론〉 다음 편에 쓰일 자료들에 대해 생각하고 마르크스의 서재에 있는 책들 아래 어질러진 자료들과 종이뭉치들을 상자에 담는다.

❧

마차 한 대가 마이트랜드 파크 로드에 정차하고 베라가 내린다. 정확히는 잘 모르는 듯 두리번거리며 마르크스의 집을 찾는다. 문을 두드렸을 때 엘레아노르가 문을 연다. 베라가 머뭇거리며 자기는 마르크스가 여행할 때 알고 지내던 사람이라고 말하면서 그가 아프다는 소식을 들었다고 말한다. 그리고 자신이 무언가 도울 수 있는 일이 없느냐고 묻는다.

렌헨과 엥겔스가 나타난다. 베라는 마르크스의 상태를

확인한 후 프뢰벨 가의 가정교사를 그만두고 런던으로 왔다. 지금 렌헨은 베라와 마주보고 서서 왜 그녀가 여기 왔는지, 마르크스에게 베라가 왔다는 사실을 알려야 할지 판단이 서지 않는다. 베라는 근처에 있는 엘레아노르 집에서 머문다. 3년 후 그녀의 〈여성 문제〉라는 책이 출간되는데 이는 베벨과 베라에게서 영감을 얻은 것이었다.

베라는 베라에 대해 편견을 가진 엥겔스와 타협했고, 놀랍게도 렌헨과도 잘 타협해서 렌헨을 돕는다. 이렇게 해서 마르크스와 엥겔스, 렌헨의 어색한 삼각관계는 베라로 인해 소멸된다. 세 명 모두 각자의 방식으로 베라와 논쟁한다. 그런 점에서 베라는 이제 죽어가는 마르크스 앞에 존재하는 한 부분이 되었다.

마르크스는 베라의 방문에 당황했지만 기쁘기도 했다. 베라는 베벨의 책을 더 잘 이해하게 됐다고 말했다. 베라는 진정으로 그를 돕고 싶어 했다. 그리고 마르크스뿐 아니라 렌헨은 물론 엥겔스와도 대화를 나누고 싶어 했다.

베라가 점차 두 사람에 대해 알아간다. 그녀에게 이것은 작으면서도 큰 변화였다. 마지막 며칠간 마르크스와 베라 사이에 많은 대화가 오가지는 않았다. 기껏해야 마르크스가 그렇게도 바라는 연옥에 있는 것뿐이었다.

※

엥겔스는 마르크스의 집 부엌에 서서 주전자에 우유를 붓고 있다. 거기에 브랜디를 250mL 정도를 넣고 나무 숟가락으로 젓는다. 베라는 설거지를 하고 그 광경을 보고 농담조로 베벨의 책에 나온 문장을 말한다.

"개인 부엌은 수백만 여성에게는 가장 고된 장소로 시간을 가장 많이 낭비하며 가장 호화롭게 꾸며놓은 곳이기도 하다. 주방에서는 건강과 즐거운 기분을 잃는다. 모든 가정이 그러하듯 매일 근심이 가득 차 있다. 주방을 없애는 것이 수많은 여성을 해방시키는 일이 될 것이다."[06]

엥겔스도 가만히 있지 않고 눈짓을 주며 같은 책에 나

온 문장으로 대답한다.

"부엌은 소형 판화 작업장처럼 시대에 뒤처지고 극복해야 할 공간이다. 이 두 곳 모두 비경제적이고 시간, 에너지, 난방, 조명과 식품 등을 낭비한다."[07]

렌헨이 바구니를 씻다가 말한다.

"엥겔스, 그러다가 마르크스를 죽이겠어요.[08] 브랜디가 250mL도 더 들어갔잖아요."

"마르크스가 원한 거야. 알잖아, 그가 우유 싫어하는거."

"마르크스가 원한다! 마르크스가 원한다! 그 사람 상태에서는 결정할 수 있는 게 없어요. 주전자 이리 주세요."

렌헨이 주전자에서 조금 따라낸다. 그리고 우유를 상당량 다시 주전자에 붓는다.

렌헨이 주전자를 가지고 마르크스의 서재로 들어간다. 엥겔스가 들어가는 렌헨의 뒷모습을 쏘아본다. 베라가 엥겔스를 벌주듯 바라본다.

렌헨이 마르크스의 서재로 들어서며 "여기 약 가져왔

어요"라고 말한다. 마르크스는 책 옆에 있는 소파에 누워 있다. 그가 '우유'가 가득하다고 투덜댄다. 렌헨이 책을 손에 쥔다.

"프랑스어를 할 수 있었으면 좋겠다고 생각했어요. 제가 아는 프레드라면 당신께 또 삼류소설들을 가져다 줬겠죠?"

"렌헨, 그거 그냥 둬. 그건 그렇고 내 침실에 보면 작은 가방이 있어. 거기에 알제에서 찍은 사진이 들어있지.[09] 그것 좀 가져다주겠어?"

❧

렌헨과 베라는 대화를 나누면서 좀 더 가까워졌다. 렌 헨이 박식하고 정치라는 것을 알고 있으며 특히 샤를 푸 리에에 대해 관심이 있다는 것을 보여주었다. 베라는 베 벨에 대해 설명하고, 이렇게 둘 사이에 이해의 싹이 텄 다. 두 사람은 즐거워하며 서로 푸리에와 베벨의 문장들을 떠올렸다.

푸리에 "여성 정당을 만드는 것도 현명한 일일 것이
다. 일반적으로 여자들이 세상에서 가장 아름
다운 존재고, 더 좋은 점은 예쁜 아이를 낳을
수 있다는 것이다. 많은 아름다운 여성들이 집
에 가만히 앉아만 있는 것을 볼 수 있다. 여성
의 아름다움이 남성들에게 있어 위험의 대상
이기 때문이다. 여성들은 변태적 성향을 가진
남성들을 두려워한다. 여성들에게 결혼은 이
성, 질투, 물욕의 총합체이다. 이런 종류의 마
키아벨리즘은 가장 가치 있고 가정경제를 잘
꾸려갈 수 있는 여성들을 쓸모없게 만든다. 돈
이 없어 이런 불행한 여성들이 무시당하는데
도 저항 역시 하지 못한다. 자, 그렇다면 그 여
성들을 끔찍이 아끼는 부모들은 어째서 가난
하지만 보호할 가치가 있는 수많은 가정에 해

가 되는 관습을 깨뜨리는 개혁을 하지 않았을
까? 가능한 모든 것을 고려하고 나면 문명 속
여성들은 두 등급으로 나눌 수 있다. 결혼하
지 않은 18세 미만의 처녀들과 해방된 18세
이상의 여성으로 나누어진다. 나이에 따라 여
성은 사랑하는 사람을 선택할 수 있는 권리를
갖는다."[10]

베벨 "완전한 여성 해방과 남녀평등은 우리 문화
발전의 목표 중 하나다. 지구 상 그 어떤 권력
도 이 목표 실현을 막을 수 없다. 인간의 인간
에 대한 지배권, 즉 자본주의자들의 지배권이
노동자에게 이동될 때 이러한 완전한 해방 역
시 가능하다. 인류가 가장 피어나는 시기가 될
것이다. 인간이 수 천 년 동안 꿈꾸고 열망하
던 황금시대가 드디어 실현될 것이다. 계급의
지배는 영원히 사라지고 여성에 대한 남성의

지배권 또한 함께 사라질 것이다."[11]

엥겔스는 별다른 생각 없이 마르크스를 위해 바이올린을 연주한다.[12] 엥겔스가 마르크스를 위로하는 방법은 '와인과 여자, 노래가 인생에서 양념 역할을 한다'[13]는 자기 인생철학에 바탕을 두고 있다. 하지만 이런 신념은 쉽게 깨지기 쉽다. 베라의 존재만 봐도 그렇다.

엥겔스는 자기의 주요 저서인 〈가족, 사유재산 및 국가의 기원Der Ursprung der Familie, des Privateigentums und des Staats〉의 집필에 속도를 냈다.

마르크스는 서재 의자에 앉아있다. 렌헨이 나가려할 때 엥겔스가 들어온다. 렌헨이 황급히 나가면서 엥겔스를 쏘아본다.

"렌헨이 자네를 조종하고 있어."

마르크스는 의미심장한 표정으로 말한다.

"렌헨은 누구보다 나를 잘 알고 있잖아. 그리고 그게 32년 전에는 필요 없었겠지만, 지금은 그 사실이 유용하고."

"그만 좀 해! 자네 아들 프레더릭은 이미 어른이 돼서 떠나 버렸다고!"

엥겔스가 수북이 쌓인 종이 더미를 가리킨다.

"우리 이제 이걸로 뭐 하지? 최소 〈자본론〉 두 권은 될 분량이야…"

마르크스는 컵에 '우유'를 한 잔 더 붓는다. 마르크스는 비밀스러운 메모들이 담긴 파일상자를 가리킨다. 목이 쉬어 말하기가 어렵다.

"여기 중요한 것들이 더 있어."

마르크스는 히스톨라븀의 메모들과 도식들을 펼쳐 보인다. 들여다보던 엥겔스는 흥분되어 더는 참을 수가 없다. 마르크스가 말한다.

"이것들로 몬테카를로 주식시장에서 4,000파운드의 수익을 올렸다네. 도박장이 아니고 '자네'의 주식시장에서 말이야."

마르크스가 어떻게 '투자를 통해 투자를 잠식시키는 법'을 도식으로 완성했는지를 보여준다. 하지만 엥겔스는 아직은 이 메모들에 대해 확신이 없다.

오늘날까지도 어떻게 자연과 인류의 역사에서 종합적인 이미지를 만들 수 있을지가 의문이다. 오늘날은 구글어스Google Earth같은 소프트웨어가 지구에서 일어나는 모든 일을 자세히 들여다 볼 수 있다. 어쩌면 당시 마르크스가 마지막에 꿈꾸었던 히스톨라븀으로 역사의 진행을 이해하려고 했는지도 모른다. 아스트롤라븀Astrolabium이 선원에게 별자리 진행으로 방향을 알려주었던 것처럼 말이다.

엥겔스가 말한다.

"그런데 우린 정당과 강령, 코펜하겐 노동자 대회에 관해서도 이야기해야 하네."

"내일, 내일 하세. 내일도 이 럼주를 가져다줘. 소설책 신간 몇 권이랑, 출판사 카탈로그도…."

"렌헨이 말하는 것처럼 특히 자네가 읽고 싶어 하는 것들로….”

엥겔스가 소설책 더미를 가리킨다.

“이 책들은 다 읽었나?” 엥겔스가 책을 싼다.

❧

다음날 엥겔스는 정당에 관해 이야기한다.

마르크스가 괴로워한다.

“독일 사회노동당, 사회민주주의 노력을 해치는 것을 제재하는 법, 국적 없는 모임이 아름다운 코펜하겐에서 여는 사적인 회의, 베벨, 리프크네히트Liebknecht… 내가 이 모든 것을 얼마나 사랑하는데….”

1875년에 사회민주노동당과 전 독일 노동자협회 (ADAV)가 연합하여 독일 사회주의 노동당이 생겨났다. 사회주의자 진압법의 영향으로 1878년부터 1889까지 활약했다. 1890년에는 독일 사회민주당(SPD)으로 당명을 변경했다. 엥겔스와는 다르게 마르크스는 마지막에 정당에 대한 현실감각이 없었다. 학계에서는 독일 사회민주당이 생겨나는 데 마르크스가 끼친 영향에 대해서 아직도 논쟁 중이다. 마르크스의 '지도력'에 관한 의견은 모두 인정했지만, 노동운동이 형성되는데 마르크스가 정치적이나 이데올로기적인 영향을 미쳤는지에 대해서는 의견이 분분하다. 롤프 헤커Rolf Hecker는 마르크스를 주축으로 돌아간 것은 사실이 아니라고 주장했다.

엥겔스는 마르크스에게 독일 사회주의 노동당의 코펜하겐 회의 준비에 대한 전반적인 것과 소시민의 속물근성, 당원들의 신념, 사회민주에 대한 논쟁 등 여러 가지에 대해 설명해 주었다. 어쩌면 이것이 두 사람 인생에서 처음으로 엥겔스가 마르크스에게 정신적인 부담을 준 것일 수도 있다.

"베벨과 리프크네히트가 석방되었다네. 하지만 비스마르크의 '당근과 채찍' 전략이겠지. 독일 사회민주당 간행물인 〈사회민주자Der Sozialdemokrat〉의 편집부에서 사회주의자 진압법을 철회해 달라고 아첨을 떨고 있다네.

모두가 비스마르크가 만들어 낼 가난한 자들을 위한 상해보험과 의료보험에 대한 실행만 모두 바라보고 있지. 하지만 이 사회보험은, 가난한 자들을 위한 식량이나 아픈 자와 상해를 입은 노동자에게 지원을 해주기 위해 노동계급이 기꺼이 정치적 권리를 포기할 수 있는지에 대해 황제가 노동계급에 던진 질문이었네. 코펜하겐에서 있을 노동자 대회에서는 나를 초청하지 않았어. 이제까지의 유산계급 행동을 보고 그들의 목표도 신뢰하지 않고, 능력도 믿지 않으며 오히려 노동자들을 올바른 길로 인도하기 위한, 소위 말하는 사회 개혁이 전략적 방법으로만 이용되고 있다고 보여 진다며 만장일치로 반대의견을 통과시켰다네.[14]

마르크스는 엥겔스가 말하는 사이에 조용히 잠이 들었다. 베라가 들어오고 마르크스에게 두꺼운 회색 외투를 덮어준다.

이런 추상적이고 이론적인 모든 구조와 '노동계급'의 전략적 작업에 의해 '탄생' 외에 '죽음'이 나타난다….[15]

마르크스의 꿈…

마르크스와 엥겔스가 청소년일 당시 말했던 문장이 머릿속에 맴돌고 있다. '계급과 계급 차이가 있던 구 시민 사회는 개인의 자유로운 발전이 모두의 자유로운 발전을 위한 전제조건인 일종의 연맹개념으로 바뀐다.'[16]라는 문장이었다. 단체들, 평의회, 협력체, 권위에 반대하는 모든 생활 공동체가 뒤섞인다. 마르크스는 지구 상의 인간이 진정 가진 것도 없이, 그저 서로서로의 연구 대상이 되어야 한다는 점에 하염없이 탄식한다.

햇살이 비추는 서재 한가운데 마르크스가 나무로 된 안락의자에 바르게 앉아 앞을 바라보고 있다. 현실세계를 마주할 수 있다. 이제 마르크스는 또 다른 세계로 가고 있다. 그 공간은 삶과 죽음의 경계이며 그곳에서는 살아온 삶의 두 가지 모습을 볼 수 있다. 마르크스의 죽음을 통해 당쟁, 증권 거래소 출현, 분수를 넘은 황금시대가 보인다. 동시에 사절단이나 경쟁 정당으로부터 수많은 인사들의 방문이 시작된다.

1883년 3월 14일 오후 3시경. 렌헨과 엥겔스는 서재 안락의자에서 쓰러져 있는 마르크스를 발견했다. 다시는 깨어나지 않기 위해 잠들어 있는 마르크스를….[17]

❧

하이게이트 공원묘지에서 열린 장례식에는 믿을 수 없이 적은 사람들이 있었다. 불과 12명 정도밖에 안 되는 사람들만 장례식에 참석했다. 엘레아노르와 조니는 참석하지 않았고 라우라와 렌헨, 베라는 남자들에게 밀려 가장자리에 서 있다. 〈사회 민주자〉 편집부와 런던 공산주의 노동자연합에서 온 근조 화환이 놓여있다.

엥겔스가 영어로 연설한다.

"유럽과 미국의 프롤레타리아와 역사학계는 마르크스를 잃은 것이 상상도 할 수 없을 만큼 슬픕니다."

롱게는 러시아 사회주의자, 프랑스 노동당, 스페인 노동당 등에서 온 전보를 프랑스어로 읽는다.

의회 동지였던 빌헬름 리프네히트는 독일어로 영원히 기억될 동료이자 스승인 마르크스에 대해 연설한다.

"… 국민을 억압하고 착취하는 사람들 있는 한, 억압받고 착취당하는 사람들에게 가장 사랑받는 사람이었습니다… 우리가 마르크스에게 감사해야 할 점은 그가 정립한 학문이 우리가 비판세력의 모든 공격에 저항할 수 있도록 해 주었고, 우리가 감당해야 했던 투쟁을 끊임없이 성장하는 힘으로 계속 나아갈 수 있도록 해 주었다는 것입니다."[18]

　라파르그, 옛 전우 두 명, 1840년대에 공산주의자 동맹에서 만난 프리드리히 레스너Friedrich Leßner와 게오르그 로흐너Georg Lochner, 왕립 학술원 출신이자 마르크스의 친구인 동물학 교수 에드윈 레이 랑케스터Edwin Ray Lankester와 화학과 교수 칼 쇼를레머Carl Schorle-mmer도 참석했다. 이들이 전부였다.

에필로그

　　　　　　마르크스와 엥겔스의 관계와 그
두 사람의 싱크 탱크는 마르크스 사망 후 완성되었다. 엥
겔스는 마르크스의 유고작인 〈자본론〉 제2권과 제3권을
위해 10년 이상을 매진했다. 루이제 스트라서-프레이베
르거Louise Strasser-Freyberger와 같은 비서들이 엥겔스
를 도왔다. 루이제는 사회민주당의 대표적 이론가였던
카를 카우츠키Karl Kautsky의 전 부인이기도 했다. 사회
주의 지식인들을 위해 베라도 함께했다.

　편집에 참여했던 모든 사람에게 가장 어려웠던 점은
1865년부터 증권의 역할이 중요하게 변화했다는 것이다.

그에 반해 〈자본론〉 집필을 위한 마르크스의 자료에서는 증권과 관련된 내용이 거의 언급되지 않았다. 하지만 히스톨라뷰 파일이 아직 남아있었다. 엥겔스는 우선 그 파일을 옆에 두었다. 파일은 럼주의 영향을 받은 탓인지 전형적으로 마르크스 스타일이었다. 와인 몇 잔을 마신 뒤 엥겔스가 파일을 집어 든다. 그리고 금고에 넣어둔다.

엥겔스는 1895년에는 한 논문에 대해 여러 장의 각주를 손으로 썼다. 그 논문에서 엥겔스는 1865년에 마르크스와 잠깐 나눈 자본주의 생산에서 주식에 대한 입장을 좀 더 자세하게 분석하고자 했다. 30년 동안 수많은 변화가 있었다. 오늘날 증권은 경제사회에 있어 매우 중요한 요소로 등장하고 그 역할은 점점 더 커지고 있다. 증권은 지속해서 발전하는 추세고, 농업과 마찬가지로 공업에서 생산된 총 생산품, 의사소통 수단과 교통수단 등 모두 증권 브로커 손에서 통제되고 있다. 이제 증권이 자본주의 생산에서 훌륭한 대표주자가 되었다.[01]

엥겔스와 베라는 서로의 비밀을 간직한 채 잘 지낸다.

히스톨라붐에서 꺼내온 자료들과 공식, 증권시장에서의 투자 지침은 마르크스가 마지막 여행에서 휘갈겨 적어놓은 것들이었다. 그 자료들로부터 이제 노동당과 전 세계 사회주의 운동과정에 큰 영향을 미칠 비밀스러운 문서가 완성되었다.

엥겔스 "누구나 쉽게 증권 브로커가 될 수 있고, 동시에 사회주의자도 될 수 있다. 그래서 동시에 증권업계가 소외 받고 무시당할 수도 있다. 내가 한 공장의 공동 소유자였다는 것을 미안하게 생각해야 할까? 나를 비난하고자 하는 사람이 있다면 나에게 와도 좋다. 당장 내일 주식시장에서 100만 달러의 수익을 낼 수 있다는 확신이 들고, 당이 그돈을 유럽과 미국에서 마음대로 사용할 수 있다면, 나는 당장 주식시장으로 달려갈 것이다."[02]

주 석

프롤로그

01 Karl Marx und Friedrich Engels, Werke, Band 35, S. 60 (im folgenden zitiert MEW)

제1장 런던에서 지중해로

01 Paul Lafargue, in: Mohr und General, Berlin 1965, S. 321 f.

02 MEW Band 35, S. 256

03 ebd., S. 258

04 ebd., S. 262

05 1849-1919, zunächst von Anarchistin (Bakunin),

dann promiment in der sozialrevolutionären
Bewegung der Narodniki, bis sie sich in den frühen
1880er Jahren dem Marxismus zuwandte

06 MEW Band 19, S. 242 f.

07 MEW Band 35, S. 41

08 Segeltuch für wasserfeste Abdeckungen und
Schutzbezüge

09 Hans Magnus Enzensberger (Hg.), Gespräche mit
Marx und Engels, Frankfurt/Main 1973, S. 709 f.

10 MEW Band 4, S. 481

11 Giovanni Arrighi, Hegemony Unravelling, in: New
Left Review 33, S. 4

12 Wilhelm Liebknecht, in: Mohr und General, Berlin
1965, S. 102

제2장 알제

01 Etliche Details und Hinweise zu diesem Kapitel

verdanke ich dem Buch von Marlene Vesper, Marx in Algier, Bonn 1995.

02 MEW Band 19, S. 29

03 MEW Band 35, S. 292

04 Richard Friedenthal, Karl Marx, München, Zürich 1981, S. 597

05 MEW Band 35, S. 299

06 ebd., S. 44 ff.

07 ebd.

08 ebd.

09 Marlene Vesper, Marx in Algier, Bonn 1995, S. 59

10 Hidradenitis suppurativa ist durch immer wiederkehrende beulenartige Abszesse geprägt, die schwer heilende Wunden und Narben hinterlassen.

11 MEW Band 23, S. 189

12 Francis Wheen, Karl Marx, München 2001, S. 220

ff.

13 MEW Band 35, S. 309

14 Franziska Kugelmann, in: Mohr und General, Berlin
    1965, S. 259

15 MEW Band 35, S. 49 f.

16 ebd.

17 ebd., S. 311

18 Charles Fourier in: Thilo Ramm (Hg.), Der
    Frühsozialismus, Stuttgart 1968, S. 100

19 Charles Fourier, Ein Fragment über den Handel,
    übersetzt von Friedrich Engels, in: MEW Band 4, S.
    409 ff.

20 Marlene Vesper, Marx in Algier, Bonn 1995, S. 59

21 MEW Band 35, S. 57

22 ebd., S. 61

제3장 몬테카를로와 카지노 자본주의

01 MEW Band 35, S. 68 f.

02 ≫Vergoldetes Zeitalter≪, die erste Blütezeit der amerikanischen Wirtschaft, aber auch der Korruption, im letzten Viertel des neunzehnten Jahrhunderts

03 ebd.

04 ebd., S. 62

05 ebd., 327

06 Auf Youtube finden sich verschiedene Versionen dieses (um 1880 geschriebenen) Liedes, z.B.: http// www.youtube.com/watch?v=Gx1SWS1MFbU

07 MEW Band 35, S. 327

08 MEW Band 30, S. 665

09 Georg Simmel, Philosophie des Geldes, Frankfurt/ Main 1989 (1900), S. 714

10 MEW Band 35, S. 65 ff.

11 August Bebel, Die Frau und der Sozialismus, Berlin 1946, S. 515f

12 MEW Band 23, S. 788

13 Thomas Assheuer, Der große Ausverkauf, in: Die Zeit, 14/2008, S. 49

14 MEW Band 31, S. 132

15 MEW Band 35, S. 330

16 ebd.

17 ebd., S. 76

18 Jörn Schütrumpf (Hg.), Jenny Marx, Berlin 2008, S. 43 f.

19 MEW Band 35, S. 76

20 ebd.

21 ebd.

22 ebd.

23 ebd.

24 ebd.

25 ebd., S. 85

26 ebd., S. 35, 91

제4장 다시 런던으로, 그리고 그 후

01 MEW Band 35, S. 105

02 Eleanor Marx-Aveling, in: Mohr und General, Berlin 1965, S. 140

03 Georg Lukács, Die Theorie des Romans, Darmstadt/Neuwied 1982, S. 47

04 Rolf Hecker, Marx mit der MEGA neu lesen, in: Junge Welt, 05. 05. 2008

05 Wilhelm Liebknecht, in: Mohr und General, Berlin 1965, S. 99

06 Bebel, Die Frau und der Sozialismus, Bonn 1946, S. 510

07 ebd.

08 MEW Band 35, S. 289

09 ebd., S. 421

10 Charles Fourier, in: Thilo Ramm (Hg.), Der Frühsozialismus, Quellentexte, Stuttgart 1968, S. 116 f.

11 August Bebel, Die Frau und der Sozialismus, Berlin 1946, S. 520 ff.

12 Eleanor Marx-Aveling, in: Mohr und General, Berlin 1965, S. 407 f.

13 August Bebel, in: Mohr und General, Berlin 1965, S. 444

14 MEW Band 19, 83-88, 230 ff., 494 ff.; August Bebel, Aus meinem Leben, Bonn 1997, S. 664

15 Arthur Schopenhauer, Die Welt als Wille und Vorstellung, Zweiter Band, Kap. 41

16 MEW Band 4, S. 482

17 MEW Band 35, S. 460

18 Mohr und General, Berlin 1965, S. 369 ff.

에필로그

01 MEW Band 25, S. 917 ff.

02 MEW Band 35, S. 444

Arrighi, Giovanni, Hegemony Unravelling - 2, New Left Review 33, Mai/Juni 2005

Assheuer, Thomas, Der große Ausverkauf, in: Die Zeit, 14/2008

Bebel, August, Aus meinem Leben, Bonn 1997

Bebel, August, Die Frau und der Sozialismus, Berlin 1946

Enzensberger, Hans Magnus (Hg.): Gespräche mit Marx und Engels, Frankfurt/Main 1973

Friedenthal, Richard, Karl Marx. Sein Leben und seine Zeit, München/Zürich 1981

Hecker, Rolf, Marx mit der MEGA neu lesen, Junge

Welt, 05. 05. 2008

Lukács, Georg, Die Theorie des Romans, Darmstadt/
Neuwied 1982

Marx, Karl und Friedrich Engels, Werke (MEW), Berlin
1956 ff.

Mohr und General, Erinnerungen an Marx und Engels,
Berlin 1965

Ramm, Thilo (Hg.): Der Frühsozialismus. Quellentexte,
Stuttgart 1968

Schopenhauer, Arthur, Die Welt als Wille und
Vorstellung, Zweiter Band (1844)

Schütrumpf, Jörn (Hg.), Jenny Marx, Berlin 2008

Simmel, Georg, Philosophie des Geldes, Frankfurt/
Main 1989 (1900)

Vesper, Marlene, Marx in Algier, Bonn 1995

Wheen, Francis, Karl Marx, München 2002

마르크스의 마지막 여행

1쇄 인쇄 2015년 4월 8일
1쇄 발행 2015년 4월 17일

지은이 한스 위르겐 크뤼스만스키
옮긴이 김신비
펴낸곳 도서출판 **말글빛냄**
펴낸이 한정희
주소 서울시 마포구 마포동 324-3 경인빌딩 3층
전화 02-325-5051 팩스 02-325-5771
홈페이지 www.wordsbook.co.kr
등록 2004년 3월 12일 제313-2004-000062호
ISBN 978-89-92114-99-8 03100
가격 12,000원